Jørn Utzon
conversaciones y otros escritos

Editorial Gustavo Gili, SL

Rosselló 87-89, 08029 Barcelona, España. Tel. 93 322 81 61
Valle de Bravo 21, 53050 Naucalpan, México. Tel. 55 60 60 11
Praceta Notícias da Amadora 4-B, 2700-606 Amadora, Portugal. Tel. 21 491 09 36

Jørn Utzon
conversaciones y otros escritos

Moisés Puente (ed.)

El editor querría agradecer la ayuda prestada en la elaboración del libro a Jørn, Lin y Jan Utzon, y a Mika Utzon Popov.

Versión castellana: Moisés Puente
Diseño: Toni Cabré/Editorial Gustavo Gili, SL
Fotografía de la cubierta: Ole Haupt Photography

Printed in Spain
ISBN: 978-84-252-2206-1
Depósito legal: B. 1.403-2010
Impresión: Gráficas Campás, SA, Badalona

Índice

07 La esencia de la arquitectura, 1948

11 Plataformas y mesetas:
ideas de un arquitecto danés, 1962

23 Arquitectura aditiva, 1970

25 La arquitectura ajena y la propia
(extractos de una conversación), 1983

39 El arte entre la ciencia y el instinto, 1983

47 Carta a los estudiantes de la
Escuela de Arquitectura de Aarhus, 1988

65 Una conversación:
Arquitectura como bienestar humano, 2004

96 Procedencia y título de los textos originales

La esencia de la arquitectura
1948

Ponemos todo en relación con nosotros mismos. Nuestros entornos nos influyen por su tamaño relativo, su luz, su sombra, su color, etc. Nuestro estado depende completamente de si nos encontramos en una ciudad o en el campo, o de si el espacio en el que estamos es grande o pequeño. En un principio nuestras reacciones frente a tales circunstancias son inconscientes, y sólo caemos en la cuenta de ellas en ocasiones especiales como, por ejemplo, cuando gozamos de un detalle o sentimos un particular vínculo con el entorno o una acusada sensación de desagrado. Sin embargo, nuestro punto de partida debería consistir en provocar nuestras reacciones inconscientes hasta que se hagan conscientes. Al cultivar nuestra capacidad de captar estas diferencias y el efecto que provocan en nosotros, al estar en contacto con nuestros entornos, encontramos nuestro camino hacia la esencia de la arquitectura. Si queremos incrementar nuestros conocimientos sobre arquitectura, debemos entender que, de entre todos los cambios de las circunstancias, la expresión arquitectónica se crea conjuntamente con la estructura social. La verdadera esencia de la arquitectura puede compararse con las semillas y un concepto fundamental en arquitectura también debería tener algo del carácter inevitable que el principio de crecimiento tiene en la naturaleza.

Si pensamos en las semillas que se convierten en plantas o árboles, comprobamos que todas aquellas que son del mismo género se desarrollarían de la misma manera si los potenciales de crecimiento no fueran tan diferentes, y si cada proceso de crecimiento poseyera en sí la capacidad de desarrollarse sin condicionantes; bajo distintas condiciones, unas semillas similares se convierten en organismos muy distintos.

Nuestros entornos y el tiempo en el que vivimos son bastante diferentes de lo que fueron antaño, pero la esencia de la arquitectura, la semilla, es la misma. El estudio de la arquitectura existente debe consistir en dejarnos influenciar espontáneamente por ella y en apreciar cómo las soluciones y los detalles dependían del tiempo en el que fueron creados. Para que el arquitecto trabaje con un control absoluto de sus medios debe experimentar, practicar —como lo hace un músico con sus escalas— con la masa, con los ritmos que forman las masas agrupadas en combinaciones de colores, luces y sombras, etc.; debe sentir con ferviente intensidad y ensayar su habilidad de crear formas.

Todo ello requiere estar muy familiarizado con los materiales: tenemos que ser capaces de entender la estructura de la madera, el peso y la dureza de la piedra, el carácter del vidrio; nosotros y nuestros materiales debemos convertirnos en una sola cosa y debemos ser capaces de crear y utilizarlos de acuerdo con su constitución. Si entendemos la naturaleza del material, dispondremos de su potencial de un modo mucho más tangible que si nos basamos en fórmulas matemáticas y formas artísticas. Las matemáticas ayudan al arquitecto a comprobar que lo que presupuso era correcto.

Todo ello implica entender la vida desde un saludable sentido común: un entendimiento del andar, del estar de pie, del sentarse y del estar tumbado cómodamente; del disfrutar del sol, de la sombra, del agua que corre sobre nuestros cuerpos, de la tierra y de todas aquellas sensaciones más difíciles de definir. Un deseo de bienestar debe ser fundamental en toda arquitectura si queremos lograr una armonía entre los espacios que creamos y las actividades que se desarrollan en ellos. Se trata de algo bastante sencillo y razonable que requiere una habilidad para crear armonía a partir de todos los requerimientos que genera la iniciativa en su conjunto, una habilidad para convencerlos de que crezcan juntos, para formar un todo nuevo, como en la naturaleza; la naturaleza no sabe de limitaciones, no acepta todas las dificultades como tales, sino simplemente como nuevos factores que, sin señal de conflicto, se desarrollan en un todo.

Entender toda inspiración presente en cada uno de los innumerables medios de expresión del Hombre, trabajar a partir de nuestras manos, nuestros ojos, pies, estómagos, a partir de la base de nuestros movimientos, y no basándose en normas estadísticas y reglas creadas según el principio de lo más usual; éste es el camino hacia una arquitectura que sea tan variada como humana.

Es necesario estar en sintonía con la época y con el entorno, encontrar inspiración en la propia tarea, si los requerimientos de ésta tienen que traducirse al lenguaje arquitectónico para crear una unidad entre los diferentes factores.

Al mismo tiempo, el arquitecto debe tener la habilidad de imaginar y crear, una habilidad que a veces se llama fantasía, a veces sueños.

Plataformas y mesetas: ideas de un arquitecto danés
1962

La plataforma como elemento arquitectónico resulta fascinante. Me enamoré de ella por primera vez en México, durante un viaje de estudios que realicé en 1949, donde encontré muchas variantes, tanto en tamaño como en concepto; muchas de estas plataformas se encuentran aisladas, sin nada más alrededor que la naturaleza misma.

En México, todas las plataformas fueron situadas y conformadas con una gran sensibilidad hacia el entorno natural y siempre con una profunda idea de fondo. De ellas irradia una gran fuerza. Bajo tus pies sientes la misma sensación de firmeza que cuando estás sobre una gran roca.

Permitidme que ponga dos ejemplos de la brillantez de la idea que yace tras estas plataformas. En Uxmal y en Chichén Itzá, Yucatán, se siguió el mismo principio basado en entornos naturales idénticos. Yucatán ocupa unas tierras bajas cubiertas por una jungla impenetrable que crece hasta una altura uniforme y definida, donde los mayas vivían en sus poblados con pequeñas parcelas

Plataformas en Yucatán, México.

Monte Albán, México.

de terreno despejadas para el cultivo; tanto el telón de fondo como el techo, su entorno consistía en una verde jungla calurosa y húmeda. No había posibilidad de vistas lejanas ni de movimientos hacia arriba o hacia abajo.

Al introducir la plataforma con su nivel superior a la misma altura que las copas de los árboles, de repente aquellos pueblos consiguieron una nueva dimensión de la vida digna de la devoción a sus dioses. Sobre estas plataformas elevadas —muchas de la cuales alcanzan los cien metros de longitud— construyeron sus templos, desde donde tenían acceso al cielo, a las nubes y la brisa; de repente, el techo de la selva se convirtió en una gran llanura abierta. Mediante este truco arquitectónico modificaron completamente el paisaje y dotaron a su experiencia visual de una grandeza acorde con la de sus dioses.

Todavía hoy puede experimentarse esta maravillosa variación de sensaciones que se produce al pasar de la tupida jungla cerrada al vasto espacio abierto de la cima de la plataforma. Se trata de una sensación similar a la que se produce en Escandinavia cuando, tras semanas de lluvia, nubes y oscuridad, de repente se despeja y el sol aparece de nuevo.

Sin olvidarnos de la Acrópolis de Atenas y de Oriente Próximo, numerosas y maravillosas plataformas de diferentes tipos en la India y en Oriente constituyen la espina dorsal de composiciones arquitectónicas, todas ellas basadas en un gran concepto.

Veamos unos pocos ejemplos.

La gran mezquita de Delhi constituye un ejemplo excepcional; está rodeada por los edificios de los mercados y del bazar, entre una barahúnda de tráfico, gente, animales, ruido y edificios bulliciosos. Elevada entre unos tres y cinco metros, constituye una enorme plataforma de arenisca roja circundada por unos soportales en sus límites exteriores. Estos soportales están cerrados con muros en tres de los lados de la plataforma, de forma que sólo puede verse a través del cuarto lado y, desde ahí, mirando hacia abajo, entrar en contacto con la vida y el desorden de la ciudad. Sobre esta plaza o plataforma se experimenta una profunda sensación de lejanía y una calma total. Con escasos medios se ha obtenido un efecto que ningún cliente o arquitecto hubiera podido soñar a priori.

Las casas y los templos chinos deben gran parte de su sensación de firmeza y seguridad al hecho de estar colocados sobre una plataforma que tiene el mismo contorno que el de la cubierta, o a veces incluso mayor, dependiendo de la importancia del edificio. Hay algo mágico en el juego entre la cubierta y la plataforma.

El suelo de una casa japonesa tradicional es una delicada plataforma a modo de puente. Esta plataforma japonesa es como el sobre de una mesa, y no se camina encima de las mesas; se trata de una pieza de mobiliario. En este caso, el suelo te atrae, la misma función que ejerce la pared en la casa europea. En una casa europea quieres sentarte junto a la pared; en Japón quieres sentarte en el suelo, no caminar sobre él. La vida en las

Templo oriental.

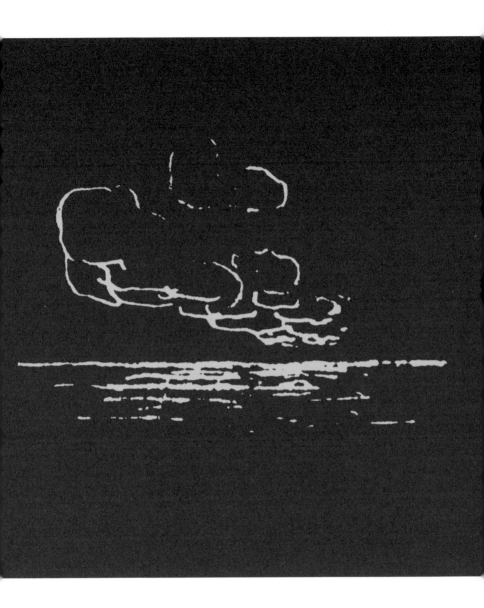

casas japonesas se expresa mediante los movimientos de sentarse, tumbarse o andar a gatas. Al contrario de la sensación rocosa de las plataformas mexicanas, en Japón se produce una sensación similar a la que se experimenta al estar de pie sobre un puentecito de madera calculado apenas para soportar tu peso. Un refinado añadido a la expresión de la plataforma en la casa japonesa son el énfasis horizontal que proporcionan los movimientos de las puertas y las pantallas correderas y el dibujo negro que forman los bordes de los tatamis que resaltan la superficie.

Con sus movimientos silenciosos y ataviadas con sus quimonos de seda de alegres colores, como si fueran mariposas exóticas, las mujeres japonesas crean un contraste casi violento, aunque altamente efectivo, frente a esta arquitectura tranquila, lineal y de colores naturales.

El segundo ejemplo de plataformas mexicanas es Monte Albán, un lugar ingeniosamente escogido para adorar a los dioses. El ordenamiento o la adaptación que el hombre ha llevado a cabo en ese lugar ha dado como resultado algo aún más fuerte que la naturaleza, confiriéndole un contenido espiritual.

Esa pequeña montaña, Monte Albán, casi una pirámide, domina tres valles a las afueras de Oaxaca, una ciudad del sur de México: falta el vértice de la pirámide, dejando una gran parte plana de unos quinientos por trescientos metros en planta. Al introducir las escalinatas y los edificios escalonados al borde de la plataforma y dejar la parte central a un nivel más bajo, la cima de la montaña se ha convertido en algo completamente independiente que flota en el aire, separado de la tierra;

desde allí arriba no se ve otra cosa que el cielo y las nubes que pasan: un nuevo planeta.

Algunos de mis proyectos recientes se basan en este elemento arquitectónico: la plataforma. Además de su fuerza arquitectónica, la plataforma ofrece una buena respuesta a los problemas actuales de tráfico. La simple idea de que los coches puedan pasar por debajo de una superficie reservada al peatón puede desarrollarse de muchas maneras.

La mayor parte de nuestras hermosas plazas europeas sufren por culpa de los coches. Los edificios, que anteriormente "hablaban entre sí" a través de una plaza, ya fuera en sistemas axiales o en composiciones equilibradas, ya no pueden hacerlo a causa del flujo de tráfico. La altura de los coches, la velocidad a la que circulan y su comportamiento sorprendentemente ruidoso hacen que nos alejemos de las plazas, que solían ser lugares tranquilos para pasear.

En algunos de los proyectos que aquí se muestran existen varios niveles de tráfico bajo la plataforma: para la comunicación peatonal a cubierto, para el tráfico rodado y para los aparcamientos. Los edificios se levantan sobre una plataforma, apoyándose mutuamente en una composición no perturbada por el tráfico.

La idea del proyecto de la ópera de Sídney ha sido dejar que la plataforma cortara al edificio como un cuchillo y separar totalmente las funciones primarias de las secundarias. Sobre la plataforma, los espectadores disfrutan de la obra acabada, mientras que debajo de ella tienen lugar todos sus preparativos.

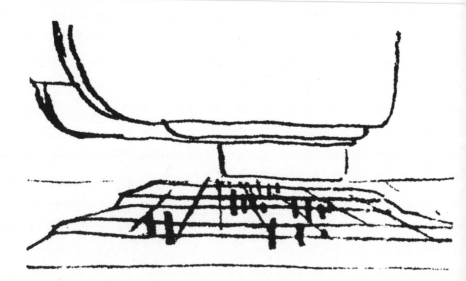

Cubiertas sobre la plataforma.

Es muy importante expresar la plataforma y evitar destruirla al empezar a construir sobre ella. Una cubierta plana no expresa la "planeidad" de la plataforma. Como muestran los proyectos de la ópera de Sídney y de la escuela de secundaria de Elsinor, puede verse cómo las cubiertas, unas formas curvas, cuelgan de la meseta, a diferentes alturas. El contraste entre las formas y las alturas que cambian constantemente entre estos dos elementos produce como resultado unos espacios de gran fuerza arquitectónica, que son posibles gracias a los modernos enfoques estructurales de la construcción en hormigón que tan bellas herramientas ha puesto en las manos del arquitecto.

Arquitectura aditiva
1970

Sólo puede conseguirse una utilización sistemática de elementos constructivos producidos industrialmente si éstos pueden incorporarse a los edificios sin tener que cortarlos a medida o adaptarlos de algún modo. Tal principio de adición pura produce como resultado una nueva forma arquitectónica, una nueva expresión arquitectónica con los mismos atributos y efectos que se obtienen, por ejemplo, al añadir más árboles a un bosque, más ciervos a una manada, más piedras a una playa, más vagones a un convoy ferroviario o más ingredientes a una comida típica danesa; todo depende de cuántos elementos diferentes se añadan a este juego. Del mismo modo que un guante encaja en la mano, este juego se ajusta a las exigencias de nuestra época gracias a la libertad que ofrece para los proyectos de edificios y el fuerte deseo de alejarse de la casa en forma de caja con un tamaño predeterminado y compartimentada al modo tradicional.

Al trabajar con el principio aditivo, uno es capaz de respetar y cumplir sin gran dificultad todas las exigencias de diseño y distribución, así como todos los requerimientos para ampliaciones y transformaciones, pues la arquitectura, o quizá más bien el carácter del edificio, es fruto de la suma total de elementos y no de una composición ni de lo que dictan las fachadas. De nuevo, al trabajar con el principio aditivo uno es capaz de evitar pecar contra el derecho a la existencia de cada elemento individual; todos ellos se las arreglan para encontrar su expresión. Se respeta el principio del funcionalismo que, al fin y al cabo, constituye el origen esencial de la verdadera arquitectura. Los dibujos en sí no son nada, son líneas modulares carentes de sentido y adimensionales que representan los grosores de los muros mientras que las líneas sobre el papel conforman los contornos del objeto acabado. Los proyectos muestran el grado de libertad que puede alcanzarse con el principio aditivo para abordar tareas enormemente variadas. Demuestran también los problemas esenciales asociados al diseño de unidades o elementos, y proporcionan alguna indicación (por ejemplo, en el proyecto de un estadio) de sus ventajas respecto al control de la producción, los costes y el plazo de ejecución que pueden lograrse, en comparación con un grupo de edificios construidos de un modo puramente artesanal.

La arquitectura ajena y la propia (extractos de una conversación)
1983

Sobre Alvar Aalto

Alvar Aalto ha sido alguien especial para mí. Cuando vi por primera vez sus obras, entendí que la arquitectura podía ser algo maravilloso. Desde entonces cambió todo mi enfoque hacia la arquitectura, y si he seguido un camino muy diferente es gracias a que conocí sus ideas y sus edificios y el significado que su obra tenía para la comunidad. Si no hubiera tenido a Aalto como ejemplo, estoy seguro de que mi arquitectura hubiera sido muy diferente. En la arquitectura de Aalto, que coincidió en el tiempo con la reconstrucción de Finlandia, se encuentran ideas o filosofías muy importantes. Por ejemplo, trabajó duramente con el problema de la estandarización, con la producción en serie, pues vio cómo su país quedaba destruido por la II Guerra Mundial, cuando varias ciudades quedaron arrasadas por completo, como Otaniemi o Petsamo; ciudades enteras construidas con madera ardieron y de ellas sólo quedaron en pie las chimeneas.

En el planeamiento de las ciudades Aalto lo tenía todo en cuenta, lo que significaba volver a acomodar a la gente para que se sintiera como en casa en una ciudad arrasada por las llamas —un enorme problema— y producir detalles arquitectónicos industriales para modernizar la industria de la construcción y poder así construir con mucha rapidez.

Por tanto, junto a su enfoque urbanístico, estos dos problemas a los que se enfrentó hacen que cada casa o cada familia se considere como una unidad independiente. De una forma bellísima, decía que si ves florecer un cerezo, un grupo de flores de un árbol, cada flor tiene una posición distinta según el sol y su flor vecina. Cada flor es diferente por su posición, pero todas pertenecen a la misma familia. Esta idea de planificación urbana es la que he utilizado, por ejemplo, en unos proyectos de casas patio, donde consideré a cada familia como una unidad independiente, con su propia vida dentro de una casa patio; no obstante, cada casa tiene unos vecinos y, juntos, constituyen una comunidad, un todo, como el racimo de flores de un cerezo.

La otra cosa que aprendí de Aalto surgió con fuerza en mi proyecto para la ópera de Sídney (1956-1973), donde me dediqué a los componentes industrializados. La ópera está inspirada en formas fantásticas, que podrían llamarse orgánicas, más que en algo que simplemente ha sido curvado, pues en la naturaleza todo crece con cierta idea de fondo. De igual modo, Aalto empleó la geometría en casos como, por ejemplo, sus sillas. Cuando diseñaba mesas y sillas utilizaba la geometría que le permitía pasar de la vertical a la horizontal para hacer una esquina, un punto de encuentro muy importante también en la arquitectura.

En la arquitectura gótica a menudo encontramos ejemplos de esta transición entre la vertical y la horizontal;

Maqueta explicativa de
cómo pueden generarse
las cáscaras de la ópera
de Sídney a partir de una
esfera, lo que permite
que la estructura pueda
prefabricarse en un reducido
número de componentes.

Aalto trabajó con las esquinas y con esta transición y yo aprendí esto principalmente de él, pues de otro modo no hubiera podido enfrentarme con los problemas de la ópera de Sídney, con todos aquellos espacios. La geometría espacial de la ópera de Sídney es extremadamente simple: una geometría esférica, trozos o piezas de una esfera. La mayor parte de la arquitectura tiene su origen en una caja. En el caso de las casas corrientes, las fachadas y los techos, o las plantas, pueden dibujarse sobre una caja. Sin embargo, en el caso de la ópera de Sídney todo puede dibujarse sobre una esfera, como si fuera una naranja conformada por no sé cuantos gajos, por piezas similares, que se subdividen e, incluso, se prefabrican. Ésta es la idea.

La influencia de Aalto reside también en su deseo de industrializar el proceso constructivo para conseguir precisión, rapidez y simplicidad, algo que de algún modo abandonó más tarde, pues resulta muy difícil llevarlo a cabo a una escala mayor. A veces consiste en algo parecido a una mezcla entre industrialización y trabajo artesanal.

Aalto fue una persona muy destacada e importante en Escandinavia, también en la escuela de arquitectura; el número uno de la arquitectura escandinava. Tenía una personalidad fantástica, era un personaje brillante. Con motivo de su setenta cumpleaños escribí que, para los arquitectos escandinavos, él era como una chimenea alrededor de la cual te sientas para encontrar calidez e inspiración. Ya no hay gente como él hoy en día. Era increíble, una persona muy vital y cordial.

Sobre Arne Jacobsen

A Arne Jacobsen lo conocí personalmente. Construía una casa buena tras otra de una forma que todo el mundo admiraba; tenía una fuerza inmensa. Conseguía lo que quería de los artesanos. Era muy duro y crítico con el único fin de conseguir la calidad. Fue alumno de Erik Gunnar Asplund y, como para él, no había nada que careciera de importancia dentro o alrededor de una casa. Todo lo que ves con los ojos te hace sentir alegría, o lo que sea, de modo que se consagraba a todo, muebles, incluso cortinas, grifos..., todo. Era extremadamente bueno consiguiendo que las cosas se hicieran, de modo que consiguió realizar una gran cantidad de ellas. En Dinamarca tenemos concursos para edificios importantes —unos veinticinco por año, también en Suecia y Noruega—, de modo que la mayor parte de los proyectos se consiguen mediante concurso. Gente como Jacobsen podía dibujar un ayuntamiento a escala 1:200 y unas perspectivas a acuarela extremadamente bellas y elegantes, y, cuando construía el edificio, todo quedaba tal cual lo había dibujado.

Jacobsen apenas tenía variación; encontraba cosas y las construía. Tenía un método de trabajo muy rápido comparado, por ejemplo, con el de Asplund, quien estuvo trabajando durante veinticinco años en varias propuestas para la ampliación de los juzgados de Gotemburgo. Me encontré con Jacobsen varias veces; en Dinamarca se lo consideraba un arquitecto intransigente: ofrecía calidad a sus clientes y a la gente, construía calidad para que otros arquitectos se sirvieran de su trayectoria. Uno siempre puede decir que las cosas podrían hacerse mejor, tan bien como Jacobsen; es posible, puede hacerse. Los grandes hombres, los mejores arquitectos o artistas hacen posible que gente menos cualificada logre una buena calidad porque, de alguna manera, abren el camino. Durante un largo período, Jacobsen elevó la calidad de la arquitectura danesa por el tratamiento de las superficies y por cuestiones organizativas. En su Banco Nacional de Dinamarca en Copenhague (1965-1978) no pudo conseguir montantes lo suficientemente finos en el país, de modo que se fue a Alemania a buscarlos. Uno de mis ayudantes trabajó con él y explica que Jacobsen decía que debían ser lo más finos posible y que nunca deberían llevar travesaños intercalados.

Aun así, Asplund y Aalto fueron los grandes, y muchos arquitectos se inspiraron en ellos. También el mobiliario danés de calidad se debe en gran parte a Asplund y a Aalto. En sus edificios hay muebles que los arquitectos y ebanistas daneses hacen incluso mejor que en Suecia. En Suecia no hubo tanta influencia de los muebles de Alvar Aalto como en Dinamarca, donde se ha aprendido mucho de él.

Aalto vivió hasta los setenta y pico, y creo que Asplund murió muy joven, a los cincuenta y seis. Justo antes de morir, Asplund le dijo a su hijo, quien a su vez era profesor de arquitectura: "Sabes Hans, todo este trabajo no ha merecido la pena, ¿verdad?". Murió de estrés y fue uno de los primeros en ser incinerado en su propio crematorio. Asplund tuvo unos clientes terribles y tuvo que luchar por casi todo; fue muy duro.

En estos momentos se está celebrando una exposición en Palma de Mallorca sobre arquitectura biológica.

Creo que la arquitectura no trata de copiar las formas de las plantas, sino de la disciplina que se encuentra en la naturaleza de un piñón para que éste se convierta en un pino, y en la semilla de una buganvilla para que ésta se convierta en una buganvilla; cada cosa tiene un cierto carácter interno y por ello pertenece a cierta naturaleza. Los pinos mallorquines son diferentes de los suecos. De igual manera, la naturaleza ha desarrollado formas, colores, tamaños y métodos para levantar tal construcción; el hormigón armado, la piedra de marés, las vigas o las bovedillas tienen que utilizarse de un modo verdadero, es decir, para lo que fueron hechas, como en la naturaleza.

Si tienes ventanas, quieres ver el océano; y si tienes sol para calentar tu casa en Escandinavia o quieres tener sombra, eso también es arquitectura orgánica; copiar las formas no es arquitectura orgánica.

Sobre Antoni Gaudí
Debo decir que me gusta mucho Gaudí; creo que tenía un cerebro capaz de ver y operar en el espacio, algo que resulta muy difícil para otra gente. Tuvo un enfoque muy rico hacia las formas, siempre las controlaba; tomaba decisiones geométricamente, como en la Sagrada Familia de Barcelona, donde le dio la vuelta a una tienda. Es una manera genial de enfocar el problema de cómo demonios conseguir esa forma; él le dio la vuelta.

Gaudí también utilizó métodos geométricos para esculpir al, digámoslo así, retorcer un cuchillo para conseguir una forma curva, de modo que actuara en el espacio mediante diferentes movimientos, como en la Sagrada

Familia. Para desarrollar todo eso debía tener un cerebro especial, como el de Aalto. Aalto no dibujaba en planta y después hacía los alzados. Por ejemplo, cuando tenía que hacer un proyecto para un ayuntamiento con sus diferentes salas, entradas, etc., lo tenía todo en la cabeza, de modo que leía el programa e imaginaba algún tipo de cubo. Así, operaba directamente en el espacio, y no primero en una planta y después en el espacio. De este modo sólo necesitaba mostrar una sección y una planta, y los alzados salían automáticamente, pues este pensamiento en el espacio le daría las puertas, ventanas, etc., decididas desde el interior. En cierto sentido, estaba próximo a Gaudí al moverse por el espacio.

Una vez intenté enseñarles a unos estudiantes cómo superar la sensación de tener que dibujar todo sobre papel. Podrías, por ejemplo, sentarte en esta pequeña sala e imaginar que coges la viga desde un extremo de la habitación, y bajarla de modo que la cubierta descendiera en el extremo y se convirtiera en una cubierta inclinada, o podrías elevarla, o hacer un gran hueco, etc. Gaudí y Aalto trabajaban de esta manera; no necesitaban dibujar demasiado.

Si Aalto hubiera querido luz sobre una mesa a la que se sienta la gente, primero habría dispuesto a la gente alrededor de la mesa y, después, hubiera construido las paredes; entonces, todo el edificio surgía a partir de las funciones, de la gente sentada que trabajaba alrededor de la mesa o sentada en un anfiteatro. Así trabajaban Antoni Gaudí, Alvar Aalto y Erik Gunnar Asplund.

La casa del arquitecto en Hellebæk, Dinamarca

Esta casa se construyó en un bosque para protegerse del clima danés; la casa se cierra totalmente a todos los lados menos al sur, como la arquitectura china tradicional. De este modo, se abre al sur a través de pilares y se cierra al norte. No hice todo esto porque ya se hubiera hecho en la arquitectura china, sino porque es una manera maravillosa de protegerse del viento del noreste y aprovechar el sol. El sol en Dinamarca es muy débil, de manera que tienes que aprovecharlo al máximo para caldear la casa; por este motivo en Dinamarca

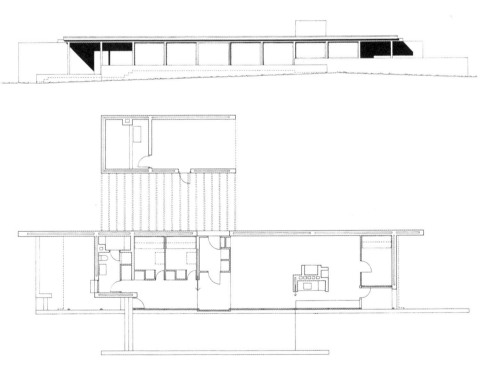

Casa del arquitecto, Hellebæk, Dinamarca, 1950-1952.

no hay grandes voladizos, sino grandes ventanas de vidrio. Construí esta casa al principio de mi carrera y, más tarde, construí varios proyectos de la misma manera: únicamente un muro y una cubierta, casi como un patio abierto, o podríamos decir galería. Por consiguiente, se vive más en el patio o jardín, de modo que las cosas de casa son más sencillas.

Si construyes una casa en Dinamarca con ventanas pequeñas, la decoración interior es muy distinta, muy abundante, pero cuando vives en un bosque, sus cambios durante el año son tan importantes que difícilmente puedes tener muchas cosas a tu alrededor en la casa, pues de algún modo molestarían a la simplicidad de la luz. Por ejemplo, en Can Lis (Porto Petro, Mallorca, 1971-1973), la vista al mar es lo más importante, por esa razón no tiene decoración.

Conjuntos de casas patio, Elsinor y Fredensborg, Dinamarca

Las casas Kingo en Elsinor (1956) y las de Fredensborg (1959-1965) se construyeron después de que hubiéramos ganado un concurso en Suecia en 1953.

En este concurso en la región de Escania, en el sur de Suecia, el arquitecto municipal quería un tipo de casas para gente sin demasiados recursos y que hacía un montón de actividades, por lo que utilicé el tipo de casa patio para poder construir próximo al vecino ocupando poco suelo. Puesto que está rodeada de muros, puedes hacer lo que quieras en el interior, de modo que lo ideal es que en lugar de comprarte un pedazo de terreno, te compres un patio, un patio con muros donde poder colocar lo que te plazca. El exterior de las casas que ve al pasar por allí es simple y expresa la idea de comunidad (así, en el exterior, se satisface el derecho de la gente a tener un bonito entorno). Por dentro, las casas son muy diferentes unas de otras, incluso más aún que en los dibujos del proyecto.

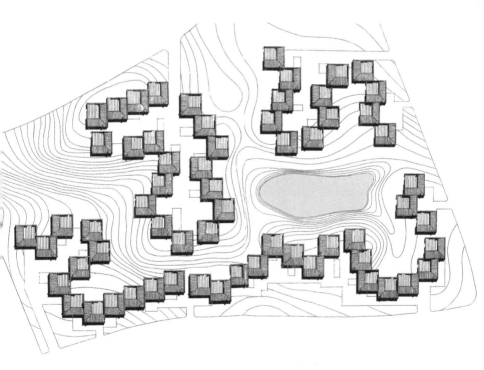

Conjunto de casas Kingo, Elsinor, Dinamarca, 1956. Planta de situación.

Construí tres conjuntos de viviendas en Suecia y algunos en Dinamarca. El grupo de Fredensborg tiene una casa grande, la casa comunal (la gente no creía posible que se hiciera) para comer; todo el mundo puede comer allí. Tienen habitaciones auxiliares para el servicio y un hotelito con diez camas, de modo que puedan alojarse huéspedes y hacerse fiestas pagando únicamente un alquiler un poco más alto; la verdad es que se utiliza mucho y vivir allí está muy bien.

La gente que vive en grupos comparte más cosas, como, por ejemplo, los barcos; tener bienes comunitarios es algo que se está haciendo cada vez más popular en Dinamarca. Por ejemplo, el grupo de Fredensborg tiene sus casas privadas, con su patio propio y sus vistas; las sesenta y cinco casas están en contacto con la zona verde comunitaria, mientras que si se tratara de pequeñas casas unifamiliares normales, con un jardín alrededor, sólo podrían haberse construido cincuenta. Se hace un uso mucho mejor del suelo.

La mayoría de estos grupos de casas en Suecia y en Dinamarca tienen una planta en forma de mano, de modo que las calles son como dedos que se adentran en la verde campiña agrícola, en lugar de colocar casas de ricos con césped resiguiendo la costa y casas para los más pobres detrás, en segunda línea. En un proyecto con planta en forma de mano, quizá puedas tener tres o cuatro veces más casas con vistas, y creo que es algo que debería estudiarse más.

La crítica

Realmente no sé cómo han aparecido términos como el posmodernismo; alguien se lo debió inventar y comenzó a decir: "Esto es posmoderno, y esto también, así que juntemos todos los ejemplos en un libro".

En cierto sentido, no se puede juzgar la arquitectura hasta que ha pasado cierto tiempo, como ya dijera Alvar Aalto: "Deberían pasar más de cincuenta años antes de poder juzgar si una casa realmente aporta algo".

Hay gente con mucho talento —por ejemplo, el arquitecto estadounidense Charles Moore, quien tiene un talento fantástico y una enorme capacidad de creación—, de modo que intentan esto y lo otro, y hacen cosas maravillosas. En realidad, me gustan todos los aspectos de la arquitectura; no soy de los que sólo quiero ver funcionalismo o estructuralismo; creo que hay mucha gente maravillosa en nuestro campo, en todas partes, de modo que disfruto de todas las cosas buenas.

No miro algo con afán de criticarlo, pues nadie ha puesto dos ladrillos o dos sillares de marés uno encima del otro por el simple hecho de criticar. Sólo el optimismo construye casas, de modo que creo que el movimiento moderno, el posmoderno, provocan a la gente, y hay alguna fuerza en ello, como la hay en el *punk*, o como la hubo con los fauvistas; no sabemos cómo acabará todo esto. Los fauvistas fueron considerados gente terrible y hoy se puede apreciar cuán maravillosos eran; nos abrieron los ojos. Ésa es mi reacción ante estos movimientos.

El arte entre la ciencia y el instinto
1983

Los seres humanos experimentan sus entornos en grados diferentes. Cuando se tiene una extrema sensibilidad por el impacto de la luz y de las formas, del color y del espacio que te rodean, entonces se tienen las cualidades innatas de un arquitecto y un artista. Si no sólo eres receptivo, sino que también posees un talento creativo y eres capaz de expresarte de modo que tus compañeros pueden entender y gozar de tu experiencia, entonces posees algunas de las cualidades necesarias para convertirte en un arquitecto, en un artista. El arte es la liberación de las fuerzas creativas de tu interior.

Hace poco le pregunté al pintor danés Egil Jakobsen: "¿Qué es el arte?" Él me contestó que cuando era miembro activo del grupo CoBrA —grupo al que pertenecían maravillosos y espontáneos pintores como Asger Jorn y Jean Dubuffet—, estuvieron discutiendo esta misma cuestión. Llegaron a la conclusión de que consideraban el arte como el resultado de la liberación de las fuerzas creativas internas del hombre, de uno mismo.

Hablando de arte, un poeta sueco dijo: "No permitas que la inteligencia bloquee o impida que tus sentimientos crucen la puerta de salida".

El artista y arquitecto Louis I. Kahn consideraba la universidad como el lugar para el aprendizaje y para la creación de nuevas ideas. Definió la universidad como el umbral entre la luz y la oscuridad. En la luz situó la ciencia y el conocimiento; todo está totalmente expuesto y es totalmente exacto, todo está probado y es conocido. En la oscuridad Kahn emplazó los ideales, los sueños, las aspiraciones, los sentimientos, la imaginación y la intuición; todas las posibilidades están abiertas y te encuentras en la esfera de lo desconocido. En el umbral, la universidad de Kahn, la evolución y el conocimiento se encuentran y trabajan juntos, de modo que se crean cosas totalmente nuevas.

De un modo similar, la arquitectura se basa tanto en la ciencia como en la intuición, y si uno quiere convertirse en arquitecto, debe dominar la tecnología para desarrollar sus ideas hasta hacerlas realidad, para probar que su intuición estaba en lo cierto, para construir sus sueños.

En un debate sobre la importancia de la ciencia de las matemáticas, uno de los creadores de la Era Atómica, el científico Niels Bohr, opinaba que las matemáticas sólo eran una herramienta mediante la cual podías probar aquello que ya habías descubierto o establecido mediante la intuición.

La arquitectura puede estudiarse desde muchos puntos de vista. Por ejemplo, desde un punto de vista histórico pueden ordenarse los edificios que pertenecen a diferentes períodos y, por tanto, que están construidos en estilos diferentes —renacimiento, barroco, rococó, etc.—, pero también se puede, como ha hecho el ingeniero de estructuras italiano Pier Luigi Nervi, valorar los edificios según la estructura y la técnica constructiva aplicada. Nervi llegó a la conclusión de que los edificios que se consideraban los más destacados de cierto período y estilo casi siempre fueron construidos con las técnicas constructivas más exquisitas de su tiempo.

Si consideramos la arquitectura de otro modo, valorando un edificio simplemente desde la sensación de gozo que aporta, el edificio se experimenta sólo mediante los sentidos, y uno se convierte en usuario del edificio tal como el arquitecto lo había concebido. Entonces se establece un contacto cercano con lo que el arquitecto pretendía.

Entre los mejores ejemplos de la arquitectura escandinava, que hacen sentir cuánta dedicación se ha puesto para conseguir el bienestar humano, se encuentran dos edificios de Erik Gunnar Asplund: el crematorio del Cementerio del Bosque en Estocolmo (1934-1940) y la ampliación de los juzgados de Gotemburgo (1913-1937).

Asplund fue el padre de la arquitectura moderna escandinava y fue más allá de la mera postura funcional para crear una maravillosa sensación de bienestar en sus edificios, añadiendo incluso un contenido simbólico a cada uno de ellos, otorgándoles una personalidad única que comunica, con mucha fuerza, el objetivo del edificio, cumpliendo y expresando totalmente la función y el estilo de vida, la forma de vida que se desarrolla en el edificio. En el crematorio del Cementerio del Bosque, un grupo de pequeñas capillas ubicadas en un claro del típico pinar de Estocolmo, Asplund conduce a los usuarios a través de una sala de espera íntima, cruzando un pequeño patio aislado, y hace entrar a los dolientes en la capilla, uno por uno, a través de una pequeña puerta. La capilla en sí es bastante oscura, pero, una vez finalizada la ceremonia, la pared posterior desaparece, la luz natural entra a raudales en el interior y los dolientes abandonan juntos la capilla para detenerse brevemente bajo la gran cubierta del vestíbulo al aire libre que mira hacia un paisaje muy sencillo, silencioso: una colina pelada, sin árboles, cubierta de césped, que se encuentra con el cielo. Aquí, en pleno bosque, donde normalmente la vista se ve interrumpida por los árboles, esta colina da una fuerte sensación de paz y eternidad. Los edificios realzan la naturaleza; las capillas y el linde del bosque se unen con edificios de mármol blanco entre pinos siempre verdes.

Los juzgados de Gotemburgo consisten en la ampliación del Ayuntamiento existente. El espacio principal del edificio es un vestíbulo a triple altura con galerías, un espacio lleno de luz, plantas y flores, con paredes de madera de color claro, un mobiliario muy confortable y unos detalles muy refinados. Se trata del vestíbulo de espera para una serie de salas de los tribunales que proporciona una agradable sensación de calidez y pureza. Estimula la esperanza de justicia y comprensión, no sólo de castigo. Posee una atmósfera bastante opuesta a la del tribunal principal de Copenhague, por ejemplo, con su siniestra fachada ciega con pesadas columnas y espacios oscuros; un edificio sobrecogedor que parece identificarse con la idea de ley y de castigo.

Métodos de trabajo

Los métodos de trabajo de los arquitectos son muy variados. El cerebro humano está estructurado de manera que puede proponer simultáneamente diferentes soluciones a problemas y evaluarlas. Pero el trabajo arquitectónico creativo es de una naturaleza tan complicada que, para obtener resultados satisfactorios, es necesaria una enorme cantidad de dibujos y maquetas. Podría parecer que gran parte de este trabajo se desperdicia; en el proceso de depuración y entrelazado de las diferentes partes y funciones de un edificio, normalmente se trabaja con tantas alternativas (para conseguir la correcta) que el trabajo que podría tirarse a la basura puede alcanzar el noventa por ciento del total. En lugar de lamentarnos por este material sobrante, podríamos compararlo con la abundancia derrochadora de la naturaleza.

Le Corbusier expresó esto mismo de un modo reconfortante: "El trabajo del arquitecto nunca se pierde: el trabajo sobre cada edificio contiene algo para el siguiente".

El arquitecto se convierte cada vez más en un profesional.

Le Corbusier fue un profesional y un revolucionario; creía en las posibilidades de su tiempo, creía que para ser verdadero uno debía ser creativo con los medios de la época.

Un ejemplo que pone de manifiesto esta actitud audaz es la sorprendente declaración que hizo Le Corbusier tras visitar la capilla Sixtina en compañía del arquitecto italiano Gio Ponti. Caminaron durante horas por los andamios que se habían montado para la restauración de la capilla, tan cerca de los frescos de Miguel Ángel que casi podían tocarlos. Pasearon en completo silencio y, cuando salieron juntos de la capilla, Gio Ponti estaba ansioso por escuchar lo que diría Le Corbusier. Entonces hizo esta asombrosa declaración: "¡Da un pincel y algunos colores a un buen hombre, a un artista de verdad, deja que trabaje cinco años sin que le molesten, y tendremos una obra igual de importante!"

Conclusión

De todas las personas implicadas en el proceso de construcción, el arquitecto es el único cuyo objetivo es crear las mejores condiciones para los seres humanos a partir del programa y de los medios que se le ofrecen. Cada uno del resto de participantes tiene un ámbito de actuación diferente: los ingenieros intentan conseguir el rendimiento ideal de las instalaciones y la estabilidad de la estructura; los contratistas que levantan el edificio son responsables de la construcción propiamente dicha; los encargados de las finanzas y los abogados controlan los asuntos económicos; y el cliente facilita el programa con los requerimientos básicos.

Por último, me gustaría aclarar esta posición especial que tiene el arquitecto; quiero ofreceros un punto de vista más desde donde verla y arrojar un rayo de luz sobre el tema, para hacer que este objetivo arquitectónico de suma importancia destaque de entre las sombras profundas. Dejo que Ralph Erskine, un arquitecto de una arquitectura extraordinariamente vívida y humana, lo sintetice: "En el desarrollo de un proyecto, el estilo de vida del cliente (es decir, el futuro usuario del edificio) es sencillamente un material constructivo tan importante como lo son el hormigón, el ladrillo, la piedra, la madera o el acero".

Carta a los estudiantes de la Escuela de Arquitectura de Aarhus
1988

Una de las cosas curiosas de la profesión de arquitecto es que uno se pasa la vida esperando a clientes y constructores, de modo que a veces es más fácil poner en marcha uno mismo las cosas. Es preferible llevar algo a buen término y tomar la iniciativa de hacerse constructor para conseguir mucho más de lo que se conseguiría esperando a que le lleguen encargos. Además, es preferible que las ideas vengan directamente de los arquitectos, pues estas ideas son el resultado del debate social sobre cómo se debería vivir.

Una vez tuve la suerte de poder tomar un par de iniciativas y hacer algo por mí mismo; sin embargo, curiosamente, no llegué a desarrollarlas. Fueron las casas patio en Elsinor, en Fredensborg y en tres lugares más en Suecia. Esas casas patio fueron creadas para un concurso convocado en Suecia para construir unas casas unifamiliares a las afueras de algunas ciudades pequeñas o grandes en la región de Escania, que acabaron conociéndose como las viviendas Skånska. Al pasar por la zona y ver cómo vivía la gente, rápidamente descubrí que todos los jardincitos estaban llenos de cobertizos y cabañas de madera para practicar *hobbies*, y alrededor había coches viejos, barcos, etc. De este modo, elaboré un plan urbanístico y un tipo de casa aceptando el hecho de que, dentro de su propia superficie, la gente debe poder hacer lo que quiera en su tiempo libre sin molestar a sus vecinos y sin necesidad de servidumbres especiales. Se trata de un tipo de casa y un plan urbanístico que respeta, o asume, esta premisa y que asegura la libertad individual de la vida privada. Sin embargo, y al mismo tiempo, todo el barrio debía tener una apariencia exterior unitaria de modo que se convirtiera en una pequeña comunidad.

En un principio, en el caso de Suecia todo quedó en agua de borrajas, a pesar de haber ganado el primer premio del concurso. Sin embargo, más tarde me acerqué a la oficina del alcalde de Elsinor con algunas fotografías de unas casas del municipio que se parecían a las casas en hilera de la región de Escania que había tomado con Keld Helmer-Petersen.[1] Quizá las casas eran incluso más idiosincrásicas e increíbles, pues los trabajadores del astillero —por entonces unos tres mil quinientos— eran muy aficionados a los *hobbies*, y en los alrededores de Elsinor había una vívida y floreciente cultura de la jardinería y otro tipo de pasatiempos. Le propuse al alcalde que me ofreciera una zona de tres o cuatro hectáreas y le enseñé los dibujos del proyecto de casas patio. La verdad es que pensó que era una buena idea, pero no había manera de financiar el proyecto; hubo varios problemas más, pero todo se superó. Entonces hice el proyecto y construí una casa con ayuda

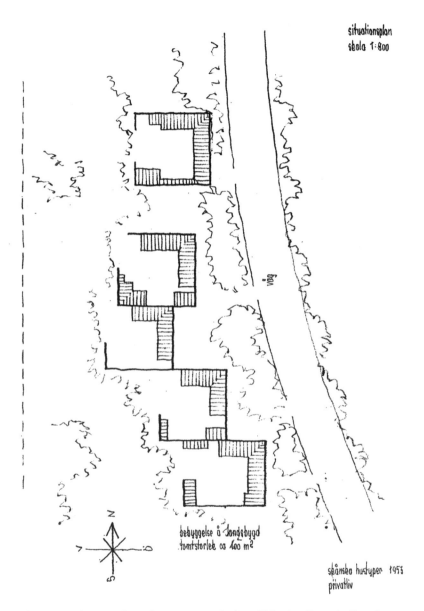

väg

bebyggelse å landsbygd
tomtstorlek ca 400 m²

skånska hustyper 1953
privatliv

Concurso de prototipos de casas económicas Skånska, Escania, Suecia, 1953. Planta de situación.

de unos industriales que querían mantener el precio de las casas dentro de los límites marcados por los reglamentos vigentes de los préstamos estatales. Las tarifas de los industriales eran muy bajas y la casa era muy grande en relación al precio; sin embargo, estos industriales de trece oficios distintos (carpinteros, albañiles, etc.) estuvieron dispuestos a mandar operarios siempre y cuando trabajaran en su tiempo libre. Revisamos todas las tarifas de los distintos oficios —por ejemplo, a cuánto ascendía el coste global de la construcción de los muros exteriores, el de los andamios, etc.— y nos ajustamos a ellas. Entonces construimos una casa piloto y, cuando estuvo terminada, la mostramos. Recuerdo cómo mi hija Lin, que por entonces tenía ocho años, decoró la casa con papel de seda marcando las

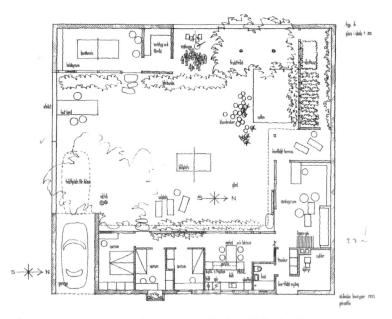

Concurso de prototipos de casas económicas Skånska, Escania, Suecia, 1953. Variantes de casa patio.

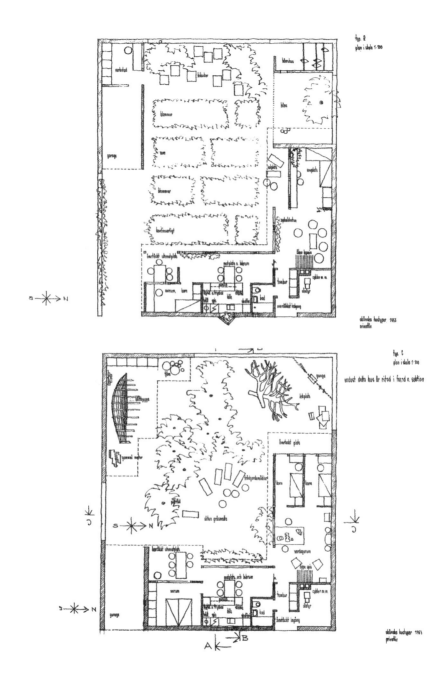

camas y el mobiliario con regalices; creo que el primer fin de semana se vendieron diecisiete casas. Construimos las casas y proseguimos; aquello fue un enorme éxito, aunque no se ajustaba exactamente a la gran idea del proyecto presentado a concurso. Todo ello ocurrió porque el proyecto del concurso había marcado una buena manera de pensar. Me senté e imaginé a varias familias viviendo en esas casas. Hay una casa para una familia con unos padres terriblemente desordenados; tienen todo tipo de trastos y un barco a medio acabar en el jardín; la madre intenta cultivar bayas para hacer mermelada, pero sus hijos y los de los vecinos, que corren por todas partes y piden comida en la cocina, lo han echado todo a perder; todo esto puede verse en los dibujos. Después hay otra familia con la que vive el abuelo, quien tiene un pequeño edificio para él solo; es un maestro tornero que vive en una parte de ese pequeño edificio, donde también tornea sus cosas, y tiene un garaje abierto al que va para coger la comida de la cocina; por supuesto, también hay nietos, de modo que se trata de una verdadera casa para tres generaciones. En una tercera casa vive una señora a quien le gustaba mucho un joven, y juntos decidieron que sólo construirían un gran dormitorio, una sala de estar y una cocina. Desdichadamente, el joven la dejó por otra mujer y, como a ella se le daban muy bien los pasteles, se construyó una pequeña tahona, criaba aves de corral y así se las fue apañando; de modo que se ve una pequeña tahona que sobresale de la casa. Había gente un poco pirada por sus *hobbies*; un hombre que cuidaba abejas y que quería unas plantas concretas y no dejaba que nadie entrara en el jardín; y otro que no quería tener su garaje junto a la calle y lo colocó al fondo del jardín, de manera que había un paso para coches en uno de los laterales del jardín. Todo esto ilustra lo más importante: hay que ser capaz de imaginar la vida de la gente antes de empezar a proyectar una casa.

Ahora, si tengo que proyectar una sala u otra cosa, normalmente me siento y pienso que, antes que nada, hay que disponer sillas en algún orden aceptable para que la gente se siente. Si lo hacen alrededor de una gran mesa redonda, entonces hay que asegurarse de que haya una luz alta sobre ellos, y se abre una rendija de forma que puedan mirar afuera, al campo, por uno de los lados. De este modo puedes formarte lentamente una idea de una sala o una casa intentando ver siempre cómo los habitantes trabajan o se sientan juntos o solos.

María, una mujer mallorquina, es el mejor ejemplo de arquitecto que conozco. Se construyó algunas casas preciosas y un restaurante muy bello. Al arquitecto que le hizo los planos le pregunté: "Dime, ¿qué hace María?, ¿cómo te dice las cosas?, ¿cómo trabajáis juntos?" Él me contestó: "Es muy sencillo, ella viene un día y me dice: 'Quiero ver un espacio, mirar desde arriba, desde un balcón hacia abajo, hacia el espacio; hay una escalera empinada a lo largo de la pared interior, donde está oscuro, y el sol reluce sobre una mesa a través de una ventana colocada en lo alto; abajo, unas flores amarillas y una alfombra en el suelo. Hay una puerta abierta que da afuera, y en el exterior puedo ver un almendro en flor'". ¡Eso es saber cómo decir las cosas al arquitecto!

Esto mismo también es la base de la iglesia de Bagsværd (1968-1976). Trabajé sobre el problema de cómo debe ser una iglesia y después dejé totalmente de pensar en el edificio. Entonces, una noche, en Hawai (por aquella época vivía allí) dio la casualidad de que estaba pensando en lo distante y solitaria que era aquella playa ante la que me encontraba, algo que me colocaba en un estado de ánimo meditabundo. Pensaba eso comparándola con otras playas, quizá porque la naturaleza a orillas del océano Pacífico es muy simple. El viento sopla siempre en una misma dirección; empieza por la mañana y se para por la tarde. No es un viento suave, sino muy fuerte; levanta un vendaval durante todo el día que dispersa las nubes de una manera completamente uniforme. Puesto que el viento siempre sopla en una misma dirección, las olas son grandes, a veces de ocho metros de altura y tres kilómetros de longitud, y rompen en filas paralelas, consiguiendo así un orden en sus tamaños en lugar del desorden que se crea cuando el

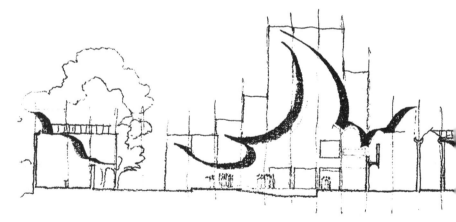

Iglesia de Bagsværd, Dinamarca, 1968-1976. Sección longitudinal.

viento sopla primero en una dirección y después en otra, como sucede en Dinamarca. De modo que me veía rodeado todo el día por aquella paz y, sentado, miraba las nubes, y descubrí que éstas podrían ser el techo de la iglesia, y que la luz caería, atravesando las nubes. Fue así como llegué a mi primer boceto, donde sólo se ve gente, la playa y el mar; por supuesto, eso no era suficiente para enseñar a los curas de la iglesia de Bagsværd. Pero entonces, al preguntar cómo hacer un espacio sagrado, algo empezó a moverse. El reverendo Simonsen dijo: "Un espacio sagrado no se hace; es algo que se consagra. Podría estar debajo de un árbol". Y se me ocurrió presentar algunas ideas completamente directas, claras y fundamentales que tuvieran que ver con el edificio y aquello que iba a tener lugar en su interior; sentando eso como base, la iglesia surgiría lentamente y se liberaría de todo lo erróneo que fuera en contra del principio de que en esos espacios debía predominar la meditación pura, la independencia pura de

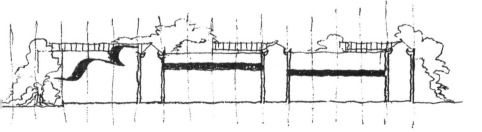

2.

Iglesia de Bagsværd,
Dinamarca, 1968-1976.
Croquis iniciales.

bagsværd kirke

JU 68

nuestro mundo material; sin duda, eso era lo que debía tener lugar en el edificio.

Si leéis los textos de Louis I. Kahn, encontraréis todas esas cosas que él dice sobre cómo cuando se está trabajando se llega a que "una casa quiere ser". Quiere ser algo de algún tipo, y si trabajáis en contra de lo que quiere ser después de haberlo instaurado, se resistirá; entonces se puede escoger, y todas esas elecciones en la etapa preliminar del proyecto son importantes; deben realizarse a partir de la misma base, lo que significa que se convertirá en algo espléndido, en armonía con la vida que se da en el interior.

En una ocasión estuve en una gran recepción que se le ofreció a Louis I. Kahn en Zúrich, donde él había montado una espléndida exposición. Kahn me invitó a una conferencia en la universidad. Había una enorme y solemne sala con algo que parecía casi un púlpito al que se accedía a través de dos tramos de escalones, uno a cada lado. Estaba situada a cuatro metros de altura, y cuando Kahn entró en la sala repleta de estudiantes y arquitectos, rechazó, por supuesto, subir a aquel podio y se colocó delante de él. Todos creímos que nos iba a enseñar algunas fotos y dibujos que habíamos visto en la exposición del vestíbulo, pero en su lugar comenzó a explicarnos cómo estaba trabajando en el proyecto de una universidad y a reflexionar sobre qué era una universidad. Después de un delicioso y bello debate, se llegó a una conclusión, que os expondré a continuación lo mejor posible. Es mejor que leáis directamente sus textos,[2] pues yo soy incapaz de formularlo bien, pero básicamente Kahn dividía la vida en dos ámbitos. Por un lado, aquello que estaba iluminado, la verdad, la verdad científica, la luz bajo la que todo se ve claramente. La ciencia, por ejemplo, pertenecía a este lugar donde las cosas se han probado y no hay nada que no sea completamente claro y transparente. Al otro lado colocaba la oscuridad, donde se encuentran todos los sueños y deseos, impulsos y fantasías que tenemos en nuestra cabeza. Kahn creía que la universidad debería ser el umbral entre la oscuridad y la luz, entre lo conocido y demostrado y lo desconocido. En consecuencia, se estaba creando constantemente algo nuevo, y el mundo y la capacidad de entendimiento del ser humano avanzaba. Puesto que en realidad nuestros sueños son la inspiración para el futuro y también para los arquitectos que se encontraban en aquella sala, resultaba bastante natural y extremadamente estimulante que se diera aquella explicación sobre qué debería ser una universidad. Por supuesto, como arquitectos trabajamos en ambas zonas. Nuestro edificio debe levantarse en tal o cual lugar, debe perdurar y está compuesto por algunos elementos que se miden, se acaban y se unen entre sí; si estamos en la oscuridad, podemos establecer un mundo en nuestra mente que es el correcto para nuestros edificios...

El lugar de la Asamblea Nacional de Kuwait (1972-1984), la gran playa, se encuentra en un solar muy llano que llega hasta el borde del agua, con el enorme océano enfrente bajo una luz nebulosa y blanca y una ciudad desordenada detrás. Al colocar un edificio en un lugar así, a la orilla del mar, de repente tienes la sensación de que esa transición hacia el mar hace que no sea suficiente sólo con levantar un edificio y ponerle algunas ventanas. Debe haber un vínculo que conecte el vasto espacio exterior y el sentido de inseguridad del mar y el edificio macizo al sol. Más tarde se nos ocurrió que debía haber un gran vestíbulo, un mercado cubierto, a medio camino entre un edificio y una plaza al aire libre. Debía situarse una enorme cubierta —de ochenta metros de largo y cuarenta de profundidad— que protegiera las funciones importantes del Parlamento, lo que viene a decir el encuentro entre el emir y el pueblo.

De vez en cuando, en el palacio de Christiansborg de Copenhague,[3] se dan escenas de protesta y, mientras los ministros están a cubierto en el palacio, afuera llueve y cae aguanieve. Si hablamos de las calles del Parlamento kuwaití, podéis imaginaros que tenía que haber un lugar donde pudieran encontrarse las diferentes partes, con altavoces; y todo eso es posible conseguirlo; está hecho de modo que el emir sale y habla al gentío. Pero después la gente se congrega bajo la cubierta protectora, donde puede hablar con el emir a través de un sistema de altavoces, el emir puede hablarles y ellos pueden verlo en una pantalla gigante, una enorme imagen que se corresponde con su voz. Supongo que habéis visto en televisión al ayatolá Jomeini con una muchedumbre entusiasta agrupada a su alrededor; entre el emir y cada miembro de la comunidad árabe existe un vínculo directo que nosotros, los occidentales, desconocemos. Nuestro querido Erhard Jacobsen[4] dijo en una ocasión: "¡Vótame, y ya me encargaré yo del resto!" Ésta es nuestra democracia. Sin embargo, creo que este tipo de cosas son las que aportan una razón para proyectar algo, y cuando estábamos proyectando la Asamblea Nacional de Kuwait con su gran calle central, algo que también es muy árabe —esto es, la calle del bazar y la disposición en patios, siempre con posibilidad de crecer lateralmente para alojar nuevos departamentos, casi como las espinas de una platija, con su espina dorsal central y las calles que salen de ella; es algo muy propio de la arquitectura islámica—, queríamos asegurarnos de que cada crujía fuera visible. Cuando tienes crujías grandes y pequeñas aparecen otras formas de cubierta, de modo que también abandonamos la idea de que podía construirse con ladrillo o a mano. A través de varios contactos, nos las arreglamos para convencer al gobierno de que comprara una fábrica de prefabricados completamente nueva que se acababa de construir. La fábrica estaba totalmente automatizada: varias plantas con una oficina llena de enormes ordenadores. Cuando apretabas ciertos botones, las hormigoneras empezaban a mezclar los componentes del cemento en el orden deseado a partir de enormes montones de diferentes materiales. Entonces, los camiones sacaban la mezcla y después las grúas llevaban el hormigón con palas a algunos puntos concretos, de manera que podías volcar la pala en moldes que se abrían automáticamente. Los moldes vibraban, después se recogían y se colocaban, el producto se sacaba, se colgaba y se llevaba al almacén. Todo se hacía de forma totalmente automatizada y el resultado era espléndido. Ésta fue nuestra base para hacer aquellos elementos, conseguir una base para cualquier tamaño

Asamblea Nacional de Kuwait, 1972-1984.
Fotografía de Jan Utzon.

que pudiera hacerse en fábrica, y trabajar las formas a nuestro modo. Todo esto debe hacerse mientras se proyectan formas en hormigón; tienes que dimensionarlas y, a menudo, encontrar una especie de geometría, de modo que le puedas dar al ingeniero una definición adecuada de pilares y vigas para que calculen los cantos. El ingeniero necesita una geometría que le permita aplicar sus fórmulas de tensión, peso y niveles de torsión para calcular de una manera relativamente sencilla. Las formas libres en hormigón son extremadamente difíciles; entonces, los ingenieros empiezan a proponer toscas soluciones con acero en el interior. Así, tuvimos la idea de los arcos y pilares, que son finas cáscaras circulares que se pueden moldear y calcular; en lugar de hacer grandes y torpes pilares que podían agrietarse en aquel clima, viertes el hormigón con un espesor de quince a veinte centímetros y no se forman grietas al fraguar. Tuvimos que hormigonar in situ las grandes cáscaras y la gran cubierta arqueada con un sistema constructivo complicado llevado a cabo por unos franceses. Realmente intentamos encontrar la razón para aquel edificio, nos esforzamos en llevarlo a cabo todo tan bien como fuera posible en las condiciones que teníamos allí; entonces surge automáticamente algo que sigue la idea de Louis I. Kahn: "Una casa quiere ser". Al acabar hay algo, de modo que puedes distanciarte y decir: "¡Oh!, así es como ha quedado".

[1] Fotógrafo danés nacido en 1920 que ha fotografiado la obra de Jørn Utzon [N. del Ed.].

[2] La edición más completa de los textos de Louis I. Kahn es: Latour, Alessandra (ed.), *Louis I. Kahn. Writings, lectures, interviews*, Rizzoli, Nueva York, 1991 (versión castellana: *Louis I. Kahn. Escritos, conferencias y entrevistas*, El Croquis Editorial, El Escorial, 2003) [N. del Ed.].

[3] El palacio de Christiansborg de Copenhague es el único edificio del mundo que aloja los tres poderes del Estado de Dinamarca: el legislativo, el judicial y el ejecutivo [N. del Ed.].

[4] Erhard Villiam Jakobsen (1917-2002) fue un político socialdemócrata, alcalde y ministro danés [N. del Ed.].

Una conversación:
Arquitectura como bienestar humano

Hace nada me preguntabas en qué consistía en realidad la arquitectura. Lo primero y más importante que se tiene que tener en cuenta es que cuando se mira una obra de un arquitecto, siempre se hace desde una nueva perspectiva. Me interesaba empezar por la relación entre lo construido y quienes iban a utilizar las casas. Había entonces arquitectos que trabajaban de muy diferentes modos —Frank Lloyd Wright, Mies van der Rohe, Alvar Aalto—, pero todos ellos fueron capaces de dar prioridad a lo más importante: la obligación de asegurar que todo ese dinero que se nos da a los arquitectos para trabajar repercuta en beneficio de la gente que va a utilizar el edificio, que el proyecto sirva para el bienestar de las personas. Por esta razón, los implicados en el proceso de construcción estudiamos los orígenes del bienestar humano más que nadie. Se trata de la luz y del sonido, de las escaleras y de los muros exteriores e interiores; cosas diversas, y algo donde colocarlas.

Todo esto me vino de la construcción naval. En el mar te haces cargo de un socio, el mar. En los barcos y barcas, grandes y pequeños, siempre tienes que crear las mejores condiciones. Se trata de funcionalismo puro, sin adulterar. Tienes que impulsar ese barco tan rápido como sea posible, en contra de la resistencia, que da la casualidad que existe. Así, el socio es *el lugar* en su sentido más amplio. En tierra firme tiene que ver con un lugar y un entorno; puede estar junto a un bosque o en una llanura, con unas condiciones determinadas de viento y luz que el lugar ofrece, pero, en todo caso, es un socio con el que tienes que entenderte.

El bienestar humano es algo que se estudia toda la vida; ninguna de las formaciones educativas relevantes —ingeniero, técnico o artesano— comprende todo su espectro. Te encuentras a algunos miembros del equipo en la construcción de la obra que pueden hacer ciertas cosas con ciertas limitaciones, y tienes que averiguar qué pueden hacer ellos y qué pueden hacer los materiales constructivos con los que trabajamos; si no entiendes esto, no le sacas el máximo partido. Cuando trabajó en la ciudad india de Chandigarh, Le Corbusier se encontró con que los artesanos locales revestían las fachadas a mano, lo que creaba una sensación especial, que aquello era algo construido por seres humanos. Realmente Le Corbusier fue capaz de sacar eso de los trabajadores, y es de eso de lo que se trata: hacer lo correcto con los materiales y con quienes los trabajan. Gente como Arne Jacobsen y Poul Kjærholm[1] podían hacerlo. Y Norman Foster, con sus conocimientos de ingeniería y su sensibilidad por los materiales, puede combinar cosas de modo que perduren y tengan buen aspecto. Utilizan sus conocimientos sobre los materiales (casi se podría decir su aventura amorosa con los materiales), exactamente igual que cuando yo me enamoré de aquellas casas en Mallorca, de aquella piedra tan especial.

Es fantástico volver atrás de repente, a un tiempo en el que se disponía de canteros; piénsese en que sólo quedan diecisiete canteros de verdad en Dinamarca, algunos de los cuales están restaurando en estos momentos el castillo de Kronborg, en Elsinor. En Mallorca, de cada tres albañiles, uno es un cantero de verdad. Por encima de todo, tienes una relación con la gente que va a utilizar los edificios. Cuanto más fuerte sea esta relación, mejor será la obra, y cuanto más débil sea, más sofisticada será, en el mal sentido de la palabra: una pobre expresión de tu propia imaginación más o menos limitada.

¿Es por ello por lo que las casas de los arquitectos son siempre bastante increíbles?

Sí, así lo dijo Steen Eiler Rasmussen[2] en una de sus conferencias en el palacio del Odd Fellow, en Copenhague. Rasmussen daba charlas sobre arquitectura a las damas de la capital y, en una de ellas, dijo, con una cierta malicia dirigida a los clientes que arruinaban el trabajo de los arquitectos, que si la gente estudiara con más detenimiento las casas propias de los arquitectos, verían las increíbles cualidades que se perdían al interferir demasiado en el proceso.

Viajaste a Estados Unidos y te encontraste con Mies van der Rohe y Frank Lloyd Wright. ¿Puedes contar algo sobre el encuentro?

Me dieron algunas becas y zarpé hacia Estados Unidos pocos años después de que acabara la II Guerra Mundial.

La primera vez que me encontré con Frank Lloyd Wright, yo entraba en una sala hexagonal, u octagonal, en Taliesin East, su residencia en Wisconsin. Había una hilera de pilares alrededor de la sala —creo que la sala tenía luz cenital— y un estrecho paso que corría por la cara exterior de los pilares. Al saludarme, Wright se percató de lo alto que era yo, y entonces me llevó alrededor de la sala, y caminaba de manera que yo siempre tenía que rodear los pilares cada vez que llegábamos a uno de ellos... Cuando dimos la vuelta completa, ¡ya había hecho que yo fuera más pequeño que él! Ésa era la impresión que daba. Después me dijo que él era el mejor arquitecto del mundo y me explicó un par de cosas sobre su obra.

¿Qué edad tenías entonces?
Creo que tenía unos treinta años, o quizás un poco más. Wright nos invitó a comer y, después de la comida, nos dijo: "Podéis quedaros". Mi mujer Lis y yo nos quedamos y fuimos a su fiesta del sábado. Tuvimos un par de conversaciones con él y lo vimos en acción. Su mujer tenía unos ojos extraordinarios; se sentaba a su lado en un balcón sobre el gran comedor donde los estudiantes o "colegas" se sentaban como si fueran monjes, mientras él permanecía allá arriba, en el balcón. Tenía un criado oriental, indonesio o chino, y un cocinero francés; el resto de la gente se preparaba su propia comida. El sábado, mientras sostenía un vaso, la señora Wright formuló una pregunta a los que estaban allí congregados: "¿Cuál es el significado de este vaso?" Se hizo un silencio sepulcral: nadie se atrevía a decir nada; todos sudaban y se iba a armar una gorda si no contestaban. Entonces, la señora Wright suelta: "El señor

Wright está perdiendo el tiempo con vosotros. ¡No tenéis remedio!" Finalmente hubo alguien que dijo: "¿El espacio que contiene?" Ésa es toda la filosofía de Wright, hacer espacio. Al contrario que el escultor que cincela desde fuera, o de quien trabaja con arcilla, como Alberto Giacometti, el arquitecto choca en su fantasía contra dos, tres o cuatro paredes, rodea el espacio y lo cubre. En ocasiones he dicho a mis empleados y a mis estudiantes: "Coge una cubierta e imagina que la puedes inclinar quince grados hacia abajo, ¿puedes sentir cómo sería?" Como arquitecto se tiene la capacidad de imaginar un espacio y Frank Lloyd Wright tenía increíblemente desarrollada esa capacidad, pero también he encontrado esa capacidad en gente que no es arquitecto, como María, por ejemplo, una mallorquina que regenta un restaurante con su marido, un escultor. Tiene algunas casas, así que pregunté por una al arquitecto que se las había construido. Me dijo que él no la había proyectado, que había sido ella. "¿Cómo?", le pregunté. "Ella la hizo —me dijo—, tal como ella relataba: estoy de pie en un balcón, veo una luz que cae desde una ventana alta sobre una mesa con algunas flores amarillas, y al final de la pared hay una gran puerta donde la escalera baja, y sobre las escaleras hay unos almendros en flor…". Así es como funciona también en las mentes de los arquitectos.

Con el uso actual de los ordenadores se corre el riesgo de limitarse a aquello que puede traducirse directamente a números… A veces creo que es bastante preocupante. Cuando trabajaba con algunas plantas —pongamos las casas Kingo (Elsinor, 1956)—, cogía todas las viviendas y cortaba cada una como un volumen, y después las colocaba en un emplazamiento a la misma escala. Así puedes intuir cómo deberían dividirse. Normalmente se podrían haber colocado en algún tipo de disposición geométrica, pero todos los conjuntos de edificios que me han inspirado verdaderamente —las ciudades del desierto de Marruecos, por ejemplo— están ubicados en relación con el lugar y el sol; es entonces cuando adquieren el carácter de las ciudades antiguas o de los templos griegos. Se trata de agrupar casas y apartamentos de modo que armonicen con el paisaje y proporcionar así las mejores condiciones para la vida en ese lugar.

¿Qué crees que has aprendido de Frank Lloyd Wright? He aprendido una especie de orden. Muchas de las casas de Wright se basan en un módulo, como el hexágono, por ejemplo, y, al mismo tiempo, se inspiran principalmente en el lugar, que a veces era endemoniadamente arriesgado, como en el caso de la Casa de la Cascada (Bear Run, Pensilvania, 1934) y, después, no encontraba dificultad alguna en construirla. Hizo aquellas ventanas de marcos triangulares para las que tuvo que realizar una maqueta a escala real con el fin de demostrar a las autoridades en materia de edificación que realmente soportaban los esfuerzos. Tenía un ingeniero magnífico, William Wesley Peters, su yerno, casado con su hija Svetlana. Cuando su hija murió en un accidente de tráfico, Peters se casó con la hija de Stalin, que casualmente también se llamaba Svetlana. Conocí a Peters en Taliesin; era un hombre muy agradable y, de hecho, también me enseñó algo. Me dijo: "Sal al campo y, sin encuentras un solar, aléjate diez veces más". Ésta era su experiencia en Estados Unidos, donde las ciudades crecen muy aprisa.

¿También fuiste a ver a Mies van der Rohe?

Sí, Mies era diferente; directo y muy amable. Se sentaba en una oficina conectada con otra de mayor tamaño donde había gente trabajando en maquetas de contrachapado del edificio Seagram (Nueva York, 1958-1960), en los pilares y su relación con las ventanas a escala real. ¡Eso requiere bastante espacio! Mantuve una buena charla con él. Su refinamiento del edificio norteamericano de acero marcó una época, y el hecho de que utilizara vidrio significaba que no iba a ser caro; los paramentos exteriores e interiores de un rascacielos como el Seagram normalmente ocupaban una buena proporción de la superficie, pero las paredes de vidrio casi no ocupaban superficie. Realmente fue él quien refinó ese tipo de edificio; su lenguaje era tan característico y potente que era fácilmente identificable.

Lo visité un par de veces más. Con él realmente sentí que era valioso saber cómo se colocaba una cosa junto a otra; fue una inspiración importante. Cuando gané el concurso para la ópera de Sídney unos años más tarde, yo tenía treinta y siete años, llegué a Chicago y quise hacerle una visita... Él estaba sentado justo enfrente de la entrada de una gran sala, una sala gigantesca, con sus estudiantes a un lado, el urbanista Ludwig Hilberseimer con su gente al otro lado, y enfrente de él, su secretaria, sentada. Pensé que era mejor hablar primero con la secretaria. Ella se volvió y dijo: "Aquí hay un señor que quiere hablar con usted". Él contestó: "¿Quién es?" "Jørn Utzon", dijo la secretaria. Entonces se levantó y desapareció. ¡No soportaba la ópera de Sídney! Se fue en una dirección y yo en la contraria, hacia el servicio..., y nos chocamos, pues el edificio era simétrico. A Gunnløgsson, Kjærholm, Sørensen[3] y a mí nos encantaban Mies van der Rohe y Frank Lloyd Wright por su simplificación y purificación. Pudimos ir a verlos sin más y fueron muy simpáticos con nosotros.

¿Significaron Wright y Mies mucho para ti?
Digamos que mis colegas siempre me han fascinado profundamente; siempre me ha interesado mirar atrás, a excepción de ciertos períodos. Por ejemplo, no me interesa tanto el barroco como el gótico. Tiene que ver con el temperamento, ¿no? He sentido muchas veces esa profunda admiración; al fin y al cabo, ¡sé lo duro que es! Sí, sentí admiración por Frank Lloyd Wright y Mies van der Rohe, y después por Ejner Utzon Frank, el primo de mi padre, profesor en la Kunstakademiet de Copenhague, quien poseía una gran colección de arte. Yo estaba a punto de entrar en la Kunstakademiet, pues quería ser escultor, pero él me dijo que no sería bueno. "Mejor que se haga arquitecto", le dijo a mi padre. Solicité plaza en la Kunstakademiet con mis pobres notas del instituto de Aalborg, donde estudié secundaria, aunque era muy bueno en dibujo. Entonces se accedía mediante un curso de admisión, llamado "curso de octubre", que realizaban setenta y cinco estudiantes de los que sólo pasaba un tercio. Te valoraban tanto por los dibujos como por las notas. Y bien, al final entré; fui a verle y le dije: "Un millón de gracias, tío Ejner", y él me contestó: "Calla, no debes decir eso". Más tarde lo tuve como profesor en la carrera. Él coleccionaba todo tipo de cosas de todas las partes del mundo y era el único que se interesaba por el Lejano Oriente, cuando no había ningún arquitecto entonces

que lo hiciera. Walter Gropius dijo en una ocasión que si hubiera conocido antes la arquitectura japonesa, su arquitectura hubiera tomado un camino diferente. ¡Imagina! No sabían nada. El tío Ejner tenía libros de todos los temas y una enorme colección de vasijas griegas que hoy están en el Nationalmuseet de Copenhague, un lugar fantástico para visitar.

Tu autoaprendizaje fue a través de muchos viajes...
Sí, entendí que era en mis viajes cuando realmente aprendía. Hice una excursión de quinientos kilómetros por Marruecos —¿fueron quinientos?, probablemente me equivoque, pero fue una larga caminata—, desde Ouarzazate hacia la ladera sur de la cordillera del Atlas, donde experimenté una tradición constructiva en completa armonía con el lugar y los materiales. Antes y ahora se cantaba mientras se construían las casas de varias plantas amasando barro y paja con los pies. Se parecía a lo que yo ya conocía del astillero: un enjambre de gente sobre un andamio remachando juntos el casco de un barco. El proceso constructivo me cautivó bastante. Si uno ha visto a los jóvenes remachadores haciendo remaches al rojo vivo de un par de centímetros de grosor, con su cabeza, lanzándolos con tenacillas a un operario que lo cogía al vuelo y los clavaba en los agujeros…, más tarde, un hombre que estaba sentado dentro, lo claveteaba todo; realmente uno se queda cautivado por el conocimiento del oficio cuando lo ves en directo.

A veces creo, tanto cuando te escucho como cuando veo tu obra, que lo que dices depende mucho de cómo se asienta el edificio en un paisaje. Sin embargo, mucha gente vive en las ciudades. ¿Qué es un "lugar" en una ciudad? Estamos aquí, sentados en el cobertizo de botes, en Louisiana, un lugar fantástico, y se podría decir lo mismo de tu casa de Mallorca pero, ¿existen lugares así en la ciudad?

Sí, claro. Tomemos Elsinor, una ciudad con calles anchas en cuadrícula, el damero de Christian IV, detrás del castillo de Kronborg. Los edificios que están frente a frente tienen una gran zona de patio compartido donde puede haber restaurantes, la gente puede vender cosas o puede pasar un rato estupendo disfrutando del sol. Si se hacen adecuadamente —es decir, si tienen lo necesario para el bienestar humano—, las ciudades pueden tener algo absolutamente positivo: uno se relaciona con otra gente y se está cerca del trabajo. En Copenhague también hay algunos buenos lugares. Cuando Copenhague creció fuera de las murallas y se decidió demolerlas, podrían haber construido en el lugar que ocuparon, pero afortunadamente no lo hicieron, de modo que tenemos un parque que comunica toda la ciudad. Hay un montón de viviendas bonitas en la zona de los lagos, en Nyboder y en Christianstad; sin duda es posible construir una vivienda bonita que dé a la calle, al parque o a un patio. Personalmente yo no me he enfrentado a esa tarea. El único proyecto de este tipo que he hecho es el concurso de viviendas de Elineberg (1954-1966), unas torres de doce plantas con mil doscientos apartamentos al borde de una ladera, enfrente de una ciudad, una zona de Helsingborg. El proyecto ganador en la primera fase era un edificio de seiscientos metros de longitud con ocho plantas, con unas guarderías y cosas de ese género enfrente; la gente hubiera vivido allí de maravilla, no cabe duda. Sin embargo, de este modo los edificios hubieran impedido completamente las vistas a una parte muy grande de la ciudad que se encuentra detrás. Entonces hice un proyecto donde propuse algunas torres para gente joven y de la tercera edad, y el resto del proyecto se desarrollaba en tres plantas alrededor de algunos patios con vistas por entre los edificios hacia el estrecho. Ésa era la idea principal; desde cualquier parte de ese gran solar de mucha profundidad se podrían tener vistas por entre el resto de edificios.

Lo que creo que es tan magnífico de tus edificios es que representan una postura muy sobria y lógica, mientras que, al mismo tiempo, tienen muchas posibilidades para la expresión individual. Por ejemplo, lo aditivo podría sonar como algo que podría convertirse en monótono y seriado, pero para ti lo aditivo es siempre una apertura.

Sí, lo aditivo consiste en tres módulos diferentes. ¿Sabes cuánto es "tres al cubo"? Cuando hicimos el sistema Espansiva (1969), cogimos veinte casas adosadas existentes con diferentes plantas y nos preguntamos: "¿Cómo podemos trasladar el sistema japonés de esteras, donde el tamaño de un tatami determina la dimensión del módulo más pequeño?" Pero eso no era suficiente. Quería hacer módulos tan diferentes que pudieran construir todo un lote de tipos distintos de casas. Creo que estudiamos veintidós casas existentes y, de este modo, encontramos el tamaño de los módulos: uno pequeño que pudiera utilizarse para un montón de cosas —el baño, parte de la cocina o pasillo, ese tipo de cosas—, el siguiente el dormitorio y, finalmente, el que se utilizaba

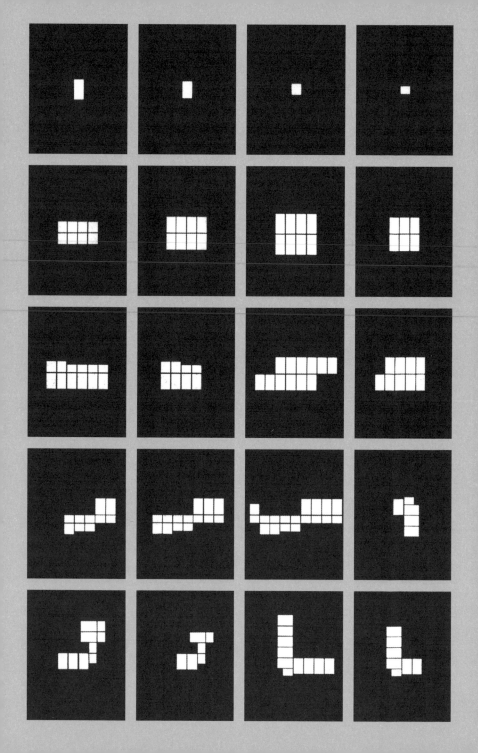

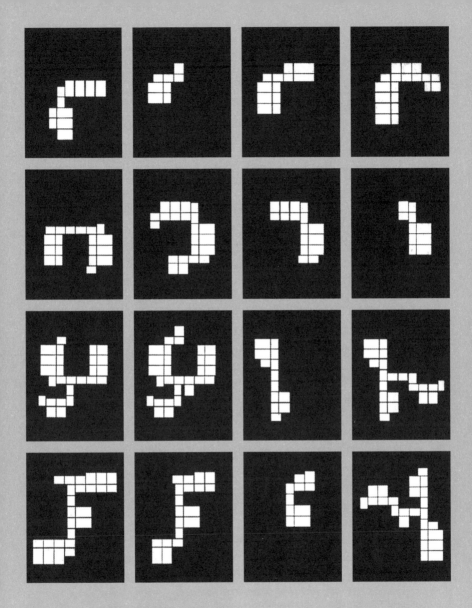

Sistema constructivo Espansiva, 1969. Las cuatro unidades constructivas
básicas y sus posibles combinaciones.

para la sala de estar; en todas partes, la construcción aditiva consiste sólo en los elementos necesarios. Encontramos los tres elementos y con ellos podíamos construir todos los tipos de casas, y son elementos bastante ordinarios, sencillos. Con pocos metros cuadrados se cubren tantas casas diferentes...

¿Qué quieres decir con que "encontraste" tres módulos? Imagina que quieres hacerte una casa con unas determinadas proporciones entre las diferentes funciones: si trabajas con los mismos módulos, como lo hacía Frank Lloyd Wright, entonces no tenemos las mismas posibilidades de variación, pero, en este caso, puedes tener variaciones también a pequeños niveles: puedes coger dos módulos de 3 x 4,5 m para una sala de estar que mida 6 x 4,5 m, y después el dormitorio con el de 3 x 3 m. Se encuentra que el tamaño de los módulos guarda relación con una casa unifamiliar normal, y el resultado es bastante disperso y complejo. Frank Lloyd Wright y Mies van der Rohe establecen una malla fija donde poder mover paredes, y hacen lo mismo también en muchos edificios de oficinas. La postura aditiva saca mucho partido a unos pocos elementos.

El módulo suena a principio vacío, como las notas musicales, pero tus edificios también insisten en una especie de contenido, ¿en la propia forma? Cada elemento da un ritmo al edificio. Si, por ejemplo, cogemos el proyecto de la Asamblea Nacional de Kuwait (1972-1984), los elementos hicieron posible construir bloques de oficinas alrededor de un patio, con pasillos

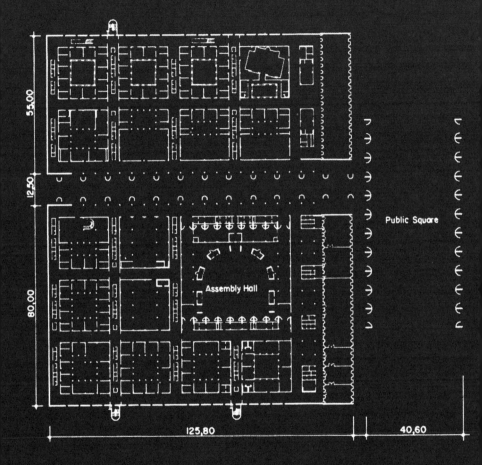

Asamblea Nacional de Kuwait, 1972-1984. Planta del edificio construido.

con lucernarios —tiene dos plantas, de modo que hay un hueco en el suelo que llega hasta la planta baja por donde cae la luz— y los espacios se disponen en una malla y son diferentes. Un módulo de oficinas de este tipo puede tener pequeñas oficinas, oficinas para altos cargos o salas de conferencias. Todo lo que se quiera: diferentes oficinas de diferentes tamaños, que además se organizan en espina de pez a ambos lados de la calle principal de modo que se pueda decir: "Aquí se encuentra el Ministerio de Asuntos Exteriores, aquí el Ministerio de Trabajo, etc.", y pueden crecer a ambos lados. Ésta es la idea general del proyecto. La gente que trabaja allí se encuentra en las cafeterías o en salas que dan al mar, donde pueden hacer sus reuniones de partido y ese tipo de cosas. Se proyectó de manera que pudiera crecer, y está creciendo (ya han construido hacia fuera). Sin embargo, este edificio de Kuwait estuvo a punto de no haberse realizado tal como es hoy.

La gran calle central acaba en el mar, y algo *faltaba* entre el mar y el edificio. Era demasiado abrupto, de modo que descubrí que si colocaba una gran cubierta enfrente que diera sombra, de modo que desde aquellas salas de conferencias los dirigentes pudieran encontrarse con los ciudadanos y, al mismo tiempo, estos últimos pudieran sentir que se estaban encargando de ellos, que se estaba haciendo algo por ellos. Kuwait es una sociedad patriarcal concebida en función de sus dirigentes, muy preocupada por los grupos, no como en una democracia.

Asimismo, la sombra es un elemento cultural muy importante. En lugares como éste, donde la luz es tan fuerte, no se puede estar sin sombra (en Arabia se dice que cuando un dirigente muere, su sombra desaparece). Cuando estábamos a punto de empezar la obra, el representante principal del cliente —que en realidad era el portavoz del Parlamento— no estaba dispuesto a costear el precio de la cubierta. Cuando por fin tuvimos la oportunidad de reunirnos —estaba con otros ministros en un vestíbulo, todos con sus ropas árabes—, me acerqué a él y le expliqué que en nuestra democracia no teníamos esa relación, es decir, el admirable contacto directo, y que esto era la base para la antecámara abierta. Él no dijo nada; después le cogí la mano —se da por supuesto que no puedes hacerlo, ¡de ninguna manera!— y le dí un apretón. Era como si su brazo estuviera muerto; cuando le solté la mano, el brazo se desplomó hacia su costado. Sin embargo, dos semanas después nos dijeron que la cubierta se construiría.

¡Hubiera sido fatal si no lo hubieran aceptado!
Sí, y lo mismo ocurre con el resto edificios. Hay una base para el lenguaje del edificio, y el arquitecto puede mostrar su talento para utilizarla en lugar de obtener una forma que encaje en el edificio pero que carezca de significado.

En realidad, tu obra está concebida muy en función del contenido; ¿es algo que quieres señalar especialmente?
Sí, es algo que de hecho se encuentra en muchos de mis edificios, algo que incorporo en ellos.

Fotografía de Carsten A. Andersen/Scanpix.

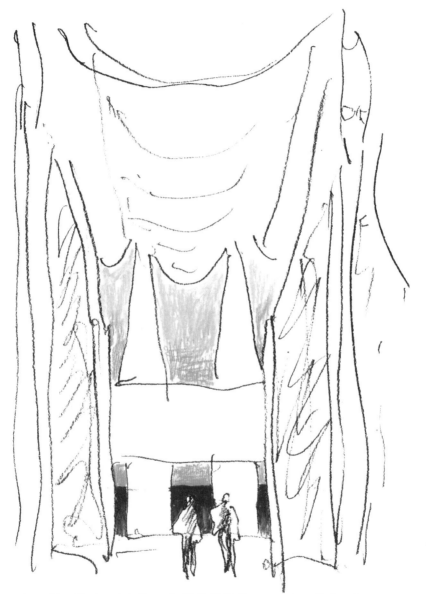

Asamblea Nacional de Kuwait, 1972-1984. Boceto de la calle interior mirando hacia el mar.

No cabe duda de que cada vez que abordas un proyecto tienes que familiarizarte con él e imaginar qué ocurrirá en él. Yo lo tuve un poco más fácil pues mi mujer, Lis, está increíblemente bien informada. Ella procede de una familia cristiana; su padre era médico en un hospital de monjas, y ese hecho ha significado mucho en la vida de la familia. Fue un gran placer que se me permitiera construir una iglesia; fue fácil hacer salir algo que era puro, sano y franco: la luz.

Ésta es una pregunta de las que me gustan, pues tomas otra obra mía y me preguntas de qué trata. Éste es el quid de mi trabajo; en cada obra tienes que averiguar de qué trata realmente para aclarar el lenguaje, pues de otro modo se vuelve demasiado soso. Uno se repite con algún estilo constructivo...

Sí, el Silkeborg Kunstmuseum (1963) trata sobre el hecho de que no había espacio para el museo. Para Asger Jorn fue bastante natural aceptar un museo excavado; en realidad tal como van las cosas actualmente, los museos se están construyendo subterráneos; no hay problemas por no conseguir suficiente luz, pues se utilizan lucernarios. Con Asger Jorn, una persona siempre

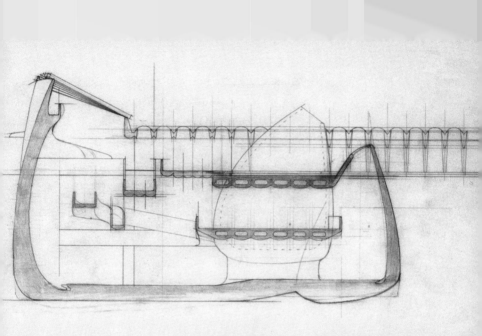

Silkeborg Kunstmuseum, Dinamarca, 1963. Sección.

ocupada con muchas cosas diferentes, mantuve algunas discusiones sobre qué ocurría si uno colocara pilares frente a un horizonte curvo en el teatro; cómo colocar las cosas en el espacio. Él tenía algunas esculturas y hablamos un poco de colgar cosas, de modo que, en realidad, la solución se dio de un modo muy natural: olvidarse del vestíbulo rectangular y plano con esquinas, donde se pueden ver a la vez dos cuadros e interferir entre sí. Ya había tenido una experiencia similar con los artistas Poul Schrøder, Jens Søndergaard y Vilhelm Lundstrøm, con ocasión de la exposición *Den Frie Udstilling* en Grønningen, donde se controlaban unos a otros; cuando llegaban con sus cuadros, evitaban colgarlos al lado de los del otro; ¡las esquinas eran un fastidio para ellos! A esto cabe añadir mi experiencia china en Hunan. Pensé que podía ser maravilloso tener un flujo espacial que consiguiera la luz desde lo alto, y después utilicé aquellas láminas curvadas como un horizonte curvo sobre los cuadros de Asger Jorn.

De modo que podría decirse que, de haberse construido, hubiera sido algo más que un simple museo para colgar cuadros; hubiera sido una *Gesamtkunstwerk* [obra de arte total] para el arquitecto y el artista...
Sí, al menos parcialmente. Eso es lo que se necesitaba por entonces, antes de que aparecieran las instalaciones, que hubiese habido tal *Gesamtkunstwerk*. Hubiera sido maravilloso haberlo construido.

Me interesa mucho el tema del estilo. Si no se tiene cuidado, el estilo puede convertirse fácilmente en algo que se come a los objetos individuales. Por eso creo que es estupendo que cada una de tus obras sea un trabajo independiente que tiene relación con una situación particular dada. Sin embargo, también abarcas ciertos opuestos en tu obra; hay una extrema magnificencia en la ópera de Sídney, y también proporciones íntimas y modestas en las casas del norte de Selandia, por poner un par de ejemplos opuestos claros. ¿Representa esto que también existen polaridades en tu manera de pensar, o son sólo trabajos distintos que se trataron de maneras diferentes por alguna buena razón?

Probablemente sea más fácil decir que se trata de trabajos diferentes a los que se enfrenta el arquitecto y a los que tiene que adaptarse. Puede resultar muy sorprendente verse a uno mismo en relación con una forma de gran tamaño, como, por ejemplo, uno de los pilares del proyecto de la Asamblea Nacional de Kuwait (los más grandes tienen el tamaño de los molinos de Mallorca). Sin embargo, el efecto es diferente. En el momento en que un pilar alcanza cierto tamaño, no tiene el mismo efecto. Los pilares pequeños de hormigón de la Asamblea, de sólo doce centímetros de sección, tienen un armado muy sencillo, pero al estar curvados son muy rígidos. Así, explotamos la capacidad del hormigón y la forma es la que hace sean rígidos (Santiago Calatrava, por ejemplo, utiliza armados muy potentes. Él también utiliza la forma, pero no va tan lejos como para construir finas cáscaras).

No es la forma la que soporta, sino la que tiene que ser soportada...

Calatrava da forma al hormigón con muchísimo armado interior. Sus formas son como ramas y troncos, mientras que las mías son como hojas; una gran hoja secándose, como cuando al coger un pedazo de papel y doblarlo, consigues una pieza rígida de papel, a pesar de que de otro modo hubiera sido bastante flexible. Se podría decir que el papel y el hormigón tienen las mismas propiedades; cuando se les da una forma determinada, son capaces de resistir... Obviamente, el hormigón es un material fascinante para trabajar. Mientras que en el gótico simplemente se construía todo con ladrillo, ahora tenemos materiales de este otro tipo. En mi época había algunos ingenieros que utilizaban el hormigón, pero no hasta el extremo en que se emplea en la iglesia de Bagsværd, donde es un gran volumen plegado...

No diferencias el proceso de construcción, para ti todo pertenece a un *continuum*: tener una idea, dibujarla, el emplazamiento y las soluciones técnicas...
Exactamente.

¿No hay interrupción en el proceso?
No, es durante el proceso cuando tienes que añadir algo crucial: el bienestar humano. Se trata de seleccionar los posibles materiales y las técnicas capaces de expresar lo que ocurre en el edificio desde el punto de vista visual. Con su forma, el edificio expresa cierta actividad, o calma, o capacidad de protección. Al final, se trata de los niveles, de las posibilidades de expresión

Interior de la iglesia de Bagsværd, Dinamarca, 1968-1976.
Fotografía de Yolanda Ortega Sanz.

que tiene el arquitecto, de manera que no adopta un "estilo", sino que lo busca en las obras y en la técnica. Por ejemplo, si yo hubiera hecho como Henning Larsen[4] hace ahora y hubiera utilizado pilares de acero —una merma de la capacidad de "expresión" de una columna, tal como la entendían los griegos—, entonces habría renunciado a este tipo de expresión. Y, después, cuando Norman Foster construye la enorme celosía que cubre el patio del British Museum de Londres (1994-2000), construye algo que no puede hacerse con otros materiales. Los materiales tienen el potencial de mostrar de qué son capaces.

Simplemente tienes que empujarlos para llevarlos en esa dirección...
Sí, exactamente, ¿no es emocionante? Es como una orquesta sinfónica: como director de orquesta o como compositor, tienes la posibilidad de utilizar los diferentes instrumentos musicales para crear armonía, para crear un proceso armónico. Al mismo tiempo, depende de cómo utilices los materiales, puedes crear algo que sea solemne, poderoso, brillante, íntimo... Ser arquitecto es una profesión muy interesante.

Has hablado de bienestar y de cómo cada época dispone de ciertos medios técnicos para conseguirlo... Supongo que la tradición nórdica tiene muy buen gusto en lo que respecta a los materiales; por ejemplo, Poul Kjærholm utiliza muy pocos. ¿Cuál es tu actitud respecto a los materiales?, ¿tienes también una postura respecto al "auténtico" carácter, como las maderas y piedras nobles, o este tipo de cosas?

Cuando tuve que convencer al comité de la iglesia de Bagsværd, fue importante que entendieran que estábamos intentando hacer algo que no fuera caro, de demasiada calidad o demasiado elaborado, así que les dije: "El papel es increíblemente bello, al igual que el hormigón; pondremos algo de hormigón con un poco de mármol y puliremos el altar; el resto será simplemente liso". Dicho de otro modo, algunas piezas del mobiliario son del mismo material que el suelo. Y en el edificio Paustian de Copenhague (1985-1987), el hormigón armado es refinado, un material noble, como en el proyecto de Kuwait; no tiene nada que ver con el coste. Desafortunadamente, en el caso de Kuwait, Saddam Hussein quemó el edificio y se volvió negro; ahora está pintado, lo que me entristece, pues el color de la propia arena del hormigón era muy bonito.

Si tuvieras que construir algo hoy, ¿utilizarías materiales modernos, como el plástico, o te limitarías a los naturales?
Probablemente se pueda conseguir algo de los plásticos. Si me dijeran: "Elige materiales modernos para aquellos trabajos en los puedas sacar algo de ellos, y no lo hagas para cualquier otra cosa donde sea equivocado", contestaría: "Elige los materiales tal como eliges tu comida o tus ropas. No hay nada que sea demasiado barato, pero hay elecciones equivocadas".

La fotografía del estadio de Jedda en Arabia Saudí (1969), una maqueta pegada, etc. ¿Puedes visualizar todo esto en tu mente antes de que se construya?
Sí.

Está en mi cabeza y surge lentamente con la ayuda de una maqueta. En la maqueta se encuentra de una forma primitiva. Piensa en un pintor que empieza un cuadro y añade una capa sobre otra hasta que aparece la obra. Para mí ha sido muy significativo cómo los pintores llevan a cabo su inmersión para expresarse sobre un lienzo, o cómo lo hacen los músicos. He tenido la sensación de que nosotros los arquitectos también estamos envueltos en una especie de actividad artística. Nuestra profesión no es algo que pueda calcularse.

Esta pregunta depende de cómo se entienda. Si a lo que te refieres es a que se puede obtener una experiencia emocional de felicidad o de profundidad, bien sea mediante el arte, la música o la literatura, entonces también se puede obtener al entrar en un espacio, que puede cautivar.

Mi propia experiencia es que si un edificio es bueno, entonces experimento el fluir del espacio. Este lugar donde nos encontramos, el Louisiana Museum for Moderne Kunst,[5] es un ejemplo típico. La forma en cómo, por sus dimensiones, el pasillo canaliza a los visitantes hace también que sientan la necesidad de seguir adelante; más tarde descubren que parte de esta experiencia permanece en ellos. Cuando abandonan el museo y se van a casa, tienen una impresión perfecta del conjunto; no retienen los detalles, pero realmente han percibido ese flujo espacial.

Tengo un amigo médico que no puede eludir el Coliseo de Roma, *tiene* que ir a verlo una vez al año. La gente va a lugares donde obtiene una fuerte impresión emocional que no puede explicarse de una manera clara: está en la arquitectura. Lo extraño del tema es que en nuestro tiempo, a pesar de tantos enormes proyectos —nunca se ha construido tanto sobre la faz de la tierra como desde el final de la II Guerra Mundial hasta ahora—, no hay más temperamento artístico ni más impulso expresivo. Una pequeña ruina cualquiera casi puede paralizarte de gozo, y después vas a una ciudad moderna, buscas algo y...

¿Y no lo encuentras...?
En todo caso, se hace difícil encontrarlo...

¿Por qué?
No lo sé, tiene que ver con las prisas en las que nos vemos inmersos. Todo el mundo dice, incluido Boje Lundgaard,[6] que probablemente falte algo en la formación del arquitecto. Antaño uno tenía que ser primero artesano, trabajar como tal un cuatrimestre del primer año de la carrera. Yo estudié en la Kunstakademiet de Copenhague, donde hacíamos algunos dibujos sencillos de construcción y bocetos espaciales, y durante cuatro meses salíamos de la academia para hacer de carpinteros o albañiles. Lo mismo ocurría en el segundo año. En el tercero ya había albañiles de la escuela técnica que, además de ser artesanos, podían dibujar. Los cuatro primeros meses hice carpintería en Elsinor y estaba cansado de madrugar por las mañanas. Mi abuela tenía un

terreno al borde de la playa y me dejó que construyera allá. Entonces le pregunté a mi maestro carpintero: "Si construyo yo solo una casa de madera, ¿me puedes firmar las prácticas de cuatro meses?" Lo hice, de modo que construí mi primera casa con mis propias manos. Fue una buena idea, y así se lo dije a mis hijos Jan y a Kim cuando estudiaban. En Strømstad tenemos una islita, así que les dije: "Id allá, conseguid unos tablones y construid una casa". Esta experiencia también fue tremendamente importante para ambos: se construyeron su propia casa. Es una pena que hoy en día los arquitectos simplemente dibujen por ordenador. Creo que se ha perdido el valor de la artesanía, algo excelente que se ha abandonado. Yo soy demasiado viejo ahora y no tengo ni idea de qué es lo que se puede hacer al respecto.

[1] Poul Kjærholm (1929-1980) es un conocido diseñador de muebles danés [N. del Ed.].

[2] Steen Eiler Rasmussen (1898-1990), arquitecto e historiador de la arquitectura danés, es autor, entre otros títulos, de *Londres. La ciudad única* (1937) y *La experiencia de la arquitectura* (1959) [N. del Ed.].

[3] Halldor Gunnløgsson y Erik Christian Sørensen: arquitectos daneses contemporáneos de Utzon [N. del Ed.].

[4] Henning Larsen (1925), arquitecto danés y socio fundador de Henning Larsen Architects [N. del Ed.].

[5] El Louisiana Museum for Moderne Kunst se encuentra en Humlebæk, en la costa Norte de Selandia. Construido en la década de 1950 en los terrenos de una villa decimonónica con vistas sobre la costa sueca, el museo es obra de los arquitectos Jørgen Bo y Vilhelm Wohlert [N. del Ed.].

[6] Boje Lundgaard (1943) es un arquitecto y crítico de la arquitectura danés [N. del Ed.].

—"The innermost being of architecture" [1948], publicado en Weston, Richard, *Jørn Utzon: Inspiration, vision, architecture*, Edition Bløndal, Hellerup, 2002.

—"Platforms and plateaus: Ideas of a Danish architect", publicado en *Zodiac*, 10, 1962.

—"Additive architecture", publicado en *Arkitektur*, 1, 1970.

—"Interview with Jørn Utzon" (entrevista realizada por Tono Vila en Can Lis, la casa de Utzon en Porto Petro, Mallorca, mayo de 1983) y "Art between science and instinct", publicados en *Quaderns d'Arquitectura i Urbanisme*, 157, abril-junio de 1983.

—"Dear Aarhus Eleven", trascripción de una carta dirigida a los estudiantes de la Escuela de Arquitectura de Aarhus grabada en casete en Porto Petro, Mallorca, el 6 de mayo de 1988. Publicada en Weston, Richard, *op. cit.*

—"Architecture as human wellbeing" (conversación entre Jørn Utzon y el director del Louisiana Museum for Moderne Kunst, Poul Erik Tøjner, Humlebæk, Selandia, Dinamarca, 6 de febrero de 2004), publicada en *Louisiana Revy*, 2, vol. 44, abril de 2004.